D2C 시대,
디지털네이티브 브랜드
어떻게 할 것인가?

− 리테일 기업의 D2C 및 구독 비즈니스 전략 −

D2C 시대 디지털 네이티브 브랜드 어떻게 할 것인가?

김형택 · 이승준 지음

리테일 기업 D2C 및 구독 비즈니스 전략

e비즈북스

차례

머리말 _ 8

Part 01 **디지털네이티브 세대, 그들은 누구인가?**

  1장 **디지털네이티브 세대의 등장**   17

      디지털이주민과 디지털네이티브 세대   18

      디지털네이티브 세대의 특징   19

  2장 **디지털네이티브 세대의 소비 및 구매 변화**   22

      디지털네이티브 세대의 소비성향   22

      디지털네이티브 세대의 구매 특징   24

Part 02 **디지털네이티브 브랜드는 어떻게 탄생하였는가?**

  1장 **디지털네이티브 브랜드의 출현**   31

      디지털네이티브 브랜드의 특징   31

      디지털네이티브 브랜드의 출현 배경   35

  2장 **디지털네이티브 브랜드의 비즈니스 모델**   38

      온디맨드 비즈니스 모델   39

      D2C 모델   41

      미디어 커머스 모델   45

      구독 서비스 모델   51

Part 03　디지털네이티브 브랜드를 어떻게 만들 것인가?

1장　**제품 카테고리 선정**　　　　　　　　　　　　　61

　제품 카테고리 선정 시 고려 사항　　　　　　　　62

2장　**브랜드 및 고객 가치 제안**　　　　　　　　　66

　디지털네이티브 세대를 위한 브랜드 가치 제공　　66

　브랜드 가치를 담은 차별화된 제품 기획　　　　　75

3장　**제조 및 플랫폼 운영 역량**　　　　　　　　　84

　수직계열화된 내외부 제품 생산체계 구축　　　　84

　플랫폼 기반의 제품 개발 및 운영 역량　　　　　88

4장　**마케팅 및 고객 관계 관리**　　　　　　　　　93

　브랜드 인지도 강화 및 고객 확보　　　　　　　95

　구매 유도 및 충성도 강화　　　　　　　　　　100

Part 04　구독 비즈니스는 왜 디지털네이티브 브랜드의 중심이 되었는가?

1장　**구독 비즈니스 시대가 다가온다**　　　　　107

　왜 구독 비즈니스가 주목받고 있나?　　　　　108

　제품 모델 vs 구독 모델　　　　　　　　　　115

　소유의 시대가 아닌 사용의 시대 도래　　　　119

　구독 비즈니스 모델을 도입한 전통 기업 사례　122

2장 **구독 비즈니스의 성공 전략** 132

공유경제와 구독 비즈니스 모델의 관계 132

소비자가 구독 서비스를 선택하는 기준 133

구독 비즈니스 모델 전략 프레임워크 140

생리 용품 구독 서비스, '먼슬리씽' 162

구독 비즈니스 모델 운영을 위한 6가지 성공 법칙 167

Part 05 **디지털네이티브 브랜드는 어떻게 성공하였는가?**

1장 **제품 기반의 디지털네이티브 브랜드** 179

안경의 유통 구조를 혁신한 '와비파커' 179

소비자들이 공감하고 함께 만들어 가는 화장품 브랜드, '글로시에' 188

고객의 알 권리를 위해 투명하게 제조원가를 공개한 '에버레인' 197

세상에서 가장 편안한 신발, '올버즈' 203

일상생활 속에 여행이 가져다주는 즐거움, '어웨이' 209

2장 **구독 기반의 디지털네이티브 브랜드** 215

AI 기술로 만드는 나만의 맞춤 샴푸, '평션오브뷰티' 215

미국인의 복약습관을 바꾸고 있는 온라인 약국, '필팩' 220

가족의 치아 건강을 책임지는 '큅' 226

스타일리스트와 AI가 골라 주는 옷, '스티치픽스' 230

참고 문헌 _ 238

와비파커warby parker, 달러쉐이브클럽Dollar Shave Club, 글로시에Glossier, 올버
즈Allbirds, 캐스퍼Casper, 해리스Harry's, 스타일난다, 무신사, 블랙몬스터

        위 브랜드들의 공통점은 무엇일까? 정답은 오프
라인 기반 없이 **디지털 세상에서 태어난 버티컬 브랜드라는 점이다.** 기업
브랜드의 경쟁 무대가 백화점, 마트, 매스미디어와 같은 전통 채널
에서 디지털 세상으로 이동하면서 자본과 기반이 취약한 중소기업
이나 스타트업도 디지털 시장에 맞는 새로운 전략과 판매 방식으로
대기업 브랜드와 경쟁할 수 있는 환경이 조성되었다. 이미 오프라
인에서 규모의 경제와 카테고리 지배력을 보유한 전통 브랜드와 이
제 막 걸음마를 뗀 신생 브랜드가 경쟁하는 것이 거의 불가능했던
과거와 달리, 지금은 한 가지 제품에 집중하면서 고객과의 탄탄한
관계를 만들어내는 데 성공한 디지털 태생 브랜드들이 전통 브랜드
의 입지를 위협하고 있다.

   이처럼 디지털 요람에서 태어난 버티컬 브랜드를 디지털네이티
브 버티컬 브랜드Digitally Native Vertical Brand, DNVB(이하 디지털네이티브 브랜
드)라고 부른다. 디지털네이티브 브랜드는 남성의류 전문 온라인

스토어인 보노보스의 CEO 앤디 던Andy Dunn이 창시한 용어로, 디지털 플랫폼을 기반으로 기존 기업과 차별화된 고객 경험을 제공하여 고객과 직접적인 거래를 하는 브랜드라는 뜻을 가지고 있다. 이들은 아마존, 11번가 등 대형 유통 플랫폼에 참여하기를 거부하고 자신이 만든 제품과 서비스 철학을 보여 줄 수 있는 자체 브랜드 채널을 통해 고객과 직접 소통하며 완전한 브랜드 경험을 제공한다. 이렇게 탄생한 디지털네이티브 브랜드는 스마트폰으로 뉴스와 콘텐츠를 소비하고 쇼핑을 하는 디지털네이티브 세대로부터 큰 인기를 얻고 있다.

이 책은 디지털 요람에서 태어나, 디지털네이티브 세대로부터 열렬한 지지를 받고 있는 디지털네이티브 브랜드의 출현과 이들이 어떻게 기존 리테일 업계를 파괴하고 있는지에 대해 집중적으로 다루고 있다. 또한 기존 리테일 업계에서는 디지털 태생 브랜드의 급부상을 어떻게 받아들여야 할지, 그리고 앞으로 이들과의 경쟁에서 앞서기 위해 무엇을, 어떻게 준비해야 하는지에 대한 전략도 구체적인 사례를 통해 제시하고 있다.

먼저 Part 01에서는 디지털네이티브 세대가 누구인지 살펴보고, 디지털네이티브 세대의 소비 및 구매 변화에 대한 내용을 다루고 있다. 이미 국내 인구의 44%를 차지하는 디지털네이티브 세대는 기존 세대와 다른 가치관과 사고, 생활 방식으로 새로운 트렌드를 만들어 가면서 새롭게 시장을 재편해 기존 소비성향과 구매 패턴을 바꿔놓고 있다. 어렸을 때부터 유튜브로 동영상을 시청하고 모바일 게임을 즐기고 등하교 시간에 웹툰을 보고 자란 디지털네이티브 세대는 끊임없이 새로운 재미를 추구한다. 이들은 병맛, 잉여, 인싸, 드립 등 기존 세대가 이해할 수 없는 가볍지만 소소한 재미를 느낄 수 있는 코드를 일상생활에서 발견하고 놀이를 만들어 나가면서 열광한다.

디지털네이티브 세대가 소비의 중심으로 성장하면서 기업들의 마케팅 전략 역시 바뀔 수밖에 없다. 과거에는 특정 브랜드에 자신을 투영하는 등 브랜드에 대한 로열티가 높았던 반면 디지털네이티브 세대는 상품 구매에서 가성비와 차별화에 집중하는 경향이 있다.

Part 02에서는 디지털네이티브 브랜드의 출현과 디지털네이티브 브랜드 비즈니스 모델을 4가지 —온디맨드, D2C, 구독, 미디어 커머스 모델—로 구분하여 분석하였다. 디지털네이티브 브랜드가 현재의 온디맨드 비즈니스 모델 기반에서 고객이 원하는 가치와 경험을 제품과 서비스로 구성한 것이라면, D2C Direct to Consumer 와 구독 모델은 이러한 디지털네이티브 브랜드를 고객에게 제공하는 방식이다. 즉, 디지털네이티브 브랜드를 제공하는 방식은 기존 온·오프라인의 중간 유통 채널을 거치지 않고 다이렉트 채널을 활용하여 제공하는 D2C 방식과 매월 정기적으로 상품과 서비스를 제공하는 구독 방식으로 구분할 수 있다. D2C 방식의 구현은 다시 카탈로그를 중심으로 상품을 소개하는 e커머스 형태와 동영상 콘텐츠를 중심으로 상품을 소개하는 미디어 커머스 형태로 구분된다.

Part 03에서는 디지털네이티브 브랜드를 만들기 위한 구체적인 전략에 대해 소개한다. 제품 카테고리 선정, 브랜드 및 고객 가치 제안, 제조 및 플랫폼 운영 역량, 마케팅 및 고객 관계 관리 방안 등, 디지털네이티브 브랜드가 어떻게 기존 전통 브랜드와 차별화된 고객 경험을 제공하고 있는지를 구체적인 사례를 통해 살펴본다. 제품 카테고리의 경우 디지털네이티브 브랜드로서 새롭게 고객 니즈와 브랜드 경험을 기반으로 수익을 창출할 수 있는 전문 분야를 선정해야 한다. 무엇보다 브랜드 가치를 창출하고 차별화된 제품을 구성할 때, 디지털네이티브 세대의 가치관 및 소비 행태를 반영한 가치 제안이 이루어져야 한다. 제조 및 플랫폼 운영 역량을 위해서는 전통적인 제품 개발 및 판매 프로세스에서 벗어나 기획, 디자인, 생산, 판매, 마케팅, 물류, 운영 관리의 전 과정이 빠르면서 유연하게 이루어질 수 있는 플랫폼 체계를 갖춰야 한다.

디지털네이티브 브랜드는 중간유통 단계를 거치지 않고 직접 제품을 판매하기 때문에 브랜드 인지도 강화, 타깃 고객 확보, 매출 증대, 고객로열티 창출에 중점을 두고 마케팅 전략을 추진해야 한다.

국내와 해외의 디지털네이티브 브랜드의 성공 사례를 살펴보면 공통적으로 '경험'이라는 차별적 가치를 제공한다는 점을 알 수 있다. 이는 제품을 만들어 최대한 많은 이들에게 판매하는 전통적인 제품 판매 방식으로는 절대 달성될 수 없는 것이다. 제품뿐 아니라 제품을 발견하는 과정, 구매하는 방식, 브랜드 메시지가 전달되는 방식, 제품을 받는 과정 등 제품을 둘러싼 모든 경험을 브랜드가 의도한 대로 밀도 있게 전달하는 것이 디지털네이티브 브랜드가 추구하는 남다른 가치라고 할 수 있다.

Part 04에서는 디지털네이티브 브랜드의 특징인 구독 비즈니스 모델을 집중적으로 분석하였다. "구독 서비스를 한번도 이용하지 않은 사람은 있어도 한 번만 사용한 사람은 없다"고 할 정도로 구독 서비스는 전 세계적으로 큰 인기를 모으고 있다. 구독 서비스를 이용하면 스마트폰에서 클릭 몇 번으로 세탁, 다림질, 요리 등 귀찮은 집안일에서 해방될 수 있고, 고가의 가전제품도 구매하지 않아도 된다. 현대인이 편리함을 소비 기준으로 삼으면서 기능적 변화만 있을 뿐, 본질적 혁신이 없었던 영역에 존재하던 제품들이 하나둘 시장에서 퇴출되고 이들의 빈자리를 디지털 DNA로 무장한 디지털 네이티브 브랜드들이 대체하고 있다. 이처럼 앞으로 제품 모델에 속해 있던 더 많은 기업과 조직이 기존의 일회성 구매 모델에서 원하는 제품과 서비스를 정기적으로 제공하는 구독 서비스로 전환할 것으로 전망된다. 이러한 흐름으로 구독 비즈니스 모델을 도입한 전통 기업들(질레트, 세포라 등)의 사례도 살펴본다.

이 책에서는 구독 모델과 제품 모델의 차이를 알아보고 구독 비즈니스 모델 전략 프레임워크를 ① 비즈니스 모델 수립 ② 신규 고객 확보 ③ 고객 로열티 강화 ④ 수익 확대 ⑤ 고객 윈백Win-Back 등 5가지 단계로 구분하여 구독 비즈니스 모델의 성공 전략과 효과적인 운영 방안을 제시한다. 또한 구독 비즈니스 모델 운영을 위한 6가지 성공 법칙도 제안한다.

마지막으로 Part 05에서는 제품 기반의 디지털네이티브 브랜드인 와비파커, 글로시에, 에버레인, 올버즈, 어웨이와 구독 기반의 디지털네이티브 브랜드인 펑션오브뷰티, 필팩, 큅, 스티치픽스 사례 분석을 통해 이들의 성공 요인을 살펴본다.

"디지털이 모든 세상을 먹어 치우고 있다"라는 말이 어색하지 않을 만큼 이제는 어떤 기업도 디지털을 외면하거나 디지털 트랜스포메이션이라는 새로운 패러다임의 변화에서 벗어날 수 없다. 그동안 전통 기업들은 과거의 업적에 안주하며 변화에 둔감하여 민첩하지 못하다는 평가를 받아 왔다. 하지만 디지털 시대에 과거의 빛나는 유산이 그대로 적용된다는 보장은 없다. 과거의 영광만을 고집하고 새로운 변화를 거부하는 전통 리테일 기업은 **치타처럼 빠르고, 사자의 이빨처럼 날카로우며 매의 눈초리만큼 매서운** 디지털네이티브 브랜드에 의해 파괴되는 운명을 맞이하게 될 것이다.

　낭중지추는 '주머니 안의 송곳'이란 뜻으로 "재능이 뛰어난 사람은 숨어 있어도 저절로 알려진다"는 의미를 담고 있다. 자고 일어나면 새로운 브랜드가 생기는 브랜드 포화 시대에 살면서 우리도 모르는 사이에 하루에도 수십, 수백 개의 새로운 브랜드가 생겨나고 사라지고 있다. 하지만 주머니 안의 송곳처럼 명확한 타기팅을 통해 소수 고객에게 집중하고 보이지 않는 곳에서 작은 디테일의 차이를 만들어 내는 디지털네이티브 브랜드는 결국 세상에 알려지고 주목받게 마련이다. 국내에서도 차별화된 고객 경험 제공으로 새로운 팬덤 문화를 만들어 내는 엣지 있는 디지털네이티브 브랜드의 출현과 성장을 기대해 본다. 저자들의 오랜 업계 경험과 연구로 태어난 이 책이 새로운 디지털네이티브 브랜드를 준비하거나 기존 전통 브랜드의 혁신을 모색하는 리테일 업계에 종사하는 분들께 조금이나마 도움이 되기를 바란다.

2020년 9월
저자 김형택, 이승준

디지털네이티브 세대,
그들은 누구인가?

1장
디지털네이티브 세대의 등장

디지털네이티브(Digital Natives)는 2001년 미국 교육학자 마크 프렌스키(Marc Prensky) 교수가 〈디지털 원주민, 디지털 이주민(Digital Natives, Digital Immigrants)〉이라는 논문에서 일상생활에서 디지털장비와 언어를 자유자재로 다룰 수 있는 세대를 지칭하며 사용한 말이다. 원어민처럼 외국어를 자유자재로 말하고 발음이 좋은 사람을 네이티브 스피커라고 하는 것처럼, 디지털네이티브(디지털원주민)는 인터넷을 사용하여 찾고자 하는 정보를 검색하고 메신저로 친구와 대화하며 인터넷 쇼핑몰에서 원하는 제품을 구매하는 등 일상생활에서 다양한 디지털 서비스를 거리낌 없이 자연스럽게 활용한다는 것이다. 반면 외국어를 구사할 때 생각해서 말해야 하고 발음에 모국어의 억양이 남아 있는 이주민처럼 디지털이 불편하고 어렵게 느껴져 인터넷보다 TV를 통해 정보를 습득하고 메신저보다 전화통화가 편하고 인터넷 쇼핑몰보다 오프라인 매장을 선호하는 세대를 디지털이주민으로 구분하였다.

디지털이주민과 디지털네이티브 세대

디지털이주민 세대는 1970~1980년의 베이비 붐   세대 이후
태어난 X세대를 가리킨다. 물질적 풍요 속에서 자라 소비지향적 성
향이 강하고 대중문화 붐을 일으켰으며 아날로그 시대와 디지털 시
대를 모두 겪은 세대로 개성 있는 스타일을 추구하는 특징이 있다. 디
지털네이티브 세대는 밀레니얼 세대   와 Z세대
로 구분된다. 밀레니얼 세대는 1981~1996년에 태어난 세대로
1980년대 PC의 대중화와 1990년대 인터넷 확산에 따라 어린 시절
부터 컴퓨터를 사용하기 시작했고 이메일, 커뮤니티, 메신저 등을
활용해 의사소통한 세대이다. Z세대는 1997년 이후 태어난 세대로
인터넷과 모바일을 일상생활에서 자유롭게 사용하며 소셜네트워크
를 활용하여 커뮤니케이션하고 유튜브로 동영상을 시청하며 디지
털이 일상화된 세상에서 태어난 세대이다. 2019년 기준으로 밀레
니얼과 Z세대를 포함한 디지털네이티브 세대는 국내 인구 중 44%
를 차지하고 있다.

출생 연도	1955~63년생	1970~80년생	1981~96년생	1997년 이후
미디어 이용 행태	아날로그 세대	디지털이주민	디지털유목민	디지털네이티브
커뮤니케이션	전화	컴퓨터/인터넷	인터넷	모바일

▲ 베이부머에서 Z세대로의 진화 (출처: 관련기사 참고, 디지털이니셔티브그룹 재구성)

1   삼정KPMG 경제연구원, 〈新소비 세대와 의·식·주 라이프 트렌드 변화〉, 삼정 Insight 제66호, 2019.
5. 10.

성인이 된 상태에서 컴퓨터와 인터넷을 사용하기 시작한 기성세대와 달리 디지털네이티브 세대는 태어나면서부터 자연스럽게 컴퓨터와 인터넷을 사용하기 시작한 세대이다. 태어나 보니 세상은 이미 인터넷으로 연결되어 있었고 젓가락을 쥐기 전부터 스마트폰이 손에 쥐어지고 밥 먹을 때 유튜브를 시청하고 학교 공부 및 과제 또한 스마트폰과 노트북을 활용하기 시작했다. 마치 공기처럼 디지털이 일상에 스며들어서 일어나면서부터 잠자기 전까지 모든 생활을 디지털과 함께한다.

디지털네이티브 세대의 특징

디지털네이티브 세대는 단순하게 컴퓨터를 잘 다루고 인터넷을 능숙하게 사용할 줄 아는 차원을 넘어서 사회적 관계, 소통 방식, 구매 행태 등에서 기존 세대와 많은 차이를 보인다. 또한 자유분방하고 틀에 얽매이지 않으며 자기 색깔이 강하고 자신을 적극적으로 표현하며 철저하게 개인주의 성향을 띤다. 타인의 가치관을 그대로 따르기보다는 나답게 사는 '자기다움'을 찾기 위해 노력한다. 싫어하는 것과 좋아하는 것을 솔직하게 말하고 타인의 시선에 아랑곳하지 않고 자신이 가치 있다고 생각하는 것에 소신 있고 당당하게 자신을 드러내면서 적극적으로 행동한다.

부모 세대인 X세대가 2000년 말 금융위기로 경제적 어려움을 겪는 모습을 보고 자란 디지털네이티브 세대는 막연한 미래보다는 현재 자신의 삶에 만족하고 보다 즐겁고 행복하게 사는 데 투자를 아

19

끼지 않는다. 인생은 한 번뿐이기에 현재를 충분히 즐겨야 한다는 욜로You Only Live Once, YOLO로 대변되는 트렌드가 말해주듯 현재 가치에 중점을 두고 의사결정과 소비를 한다.

인터넷을 통해 다양한 정보를 습득하고 해외여행 및 어학연수를 통해 다양한 인종, 문화를 경험한 디지털네이티브 세대는 관념과 틀에 얽매이기보다는 다양성을 추구한다. 어떤 세대보다 다양한 문화적 배경, 인종, 젠더 등을 이해하고 각자의 개성에 따라 추구하는 삶의 가치가 다르다는 것을 인정하며 선입관을 가지고 배제하기보다는 포용하려고 노력한다. 그렇기 때문에 새로운 것을 시도하는 것을 주저하지 않고 '다름'을 표현하는 데 과감하다.

문자와 메신저가 일상화된 디지털네이티브 세대는 사람과 직접 만나 커뮤니케이션하는 것을 부담스러워하지만 자신이 관심 가지는 주제에 대해서는 소셜미디어를 통해 다양한 관계를 형성하고 해시태그 및 댓글을 활용하여 적극적으로 소통한다. 혼자이고 싶지만 외로운 것을 싫어하는 특징이 있어 친밀감을 가지고 끈끈한 관계를 유지하기보다는 그때그때 관심 갖는 주제와 이슈에 따라 서슴없이 친구를 맺고 대화하는 것을 즐긴다.

언제 어디서나 손쉽게 모바일을 활용하여 자신이 원할 때 커뮤니케이션하는 것이 일상화된 디지털네이티브 세대는 간단하면서 신속한 것을 선호한다. 정보를 습득하고 일상적인 업무를 처리하는 데 있어서 많은 정보를 한꺼번에 전달받기보다는 간결하고 짧게 요약하여 제공해 주기를 원하며 궁금한 것이 있으면 실시간으로 빠르게 질문하여 문제를 바로 해결하기를 바란다.

어렸을 때부터 유튜브로 동영상을 시청하고 TV 보는 시간보다 모바일 게임을 즐기는 시간이 많고 등하교 시간에 웹툰을 보고 자란 디지털네이티브 세대는 끊임없이 새로운 재미를 추구한다. 병맛, 잉여, 인싸, 드립 등 기존 세대가 이해할 수 없는 가볍지만 소소한 재미를 느낄 수 있는 코드를 일상생활에서 발견하고 놀이를 만들어 나가면서 열광한다.

정리하면, 디지털네이티브 세대는 집단보다는 개인의 삶에 충실하고 미래보다 현재의 행복을 추구하며 관습과 틀에 얽매이기보다는 끊임없이 새로운 것을 시도하고 혼자이고 싶지만 다양한 관계 속에서 소통하고 싶어 한다. 커뮤니케이션 방식에 있어서는 복잡하고 느린 것보다 간단하면서도 빠른 방식을 선호한다. 또한 지루한 일상생활에서 끊임없이 소소한 재미와 놀이를 만들면서 즐긴다.

2장
디지털네이티브 세대의
소비 및 구매 변화

디지털 전환이 가속화되면서 기존 소비시장이 빠르게 변화하고 있다. 특히 기존 소비시장에 디지털네이티브 세대가 새롭게 시장을 주도하는 주역으로 부상하고 있다. 국내 전체 인구 중 44%를 차지하는 디지털네이티브 세대는 기존 세대와 다른 가치관과 사고, 생활 방식으로 새로운 트렌드를 만들어 가면서 새롭게 시장을 재편해 기존 소비성향과 구매 패턴을 바꿔 놓고 있다.

디지털네이티브 세대의 소비성향

삼정KPMG 경제연구원의 〈新소비 세대와 의·식·주 라이프 트렌드 변화〉 보고서에 따르면 디지털네이티브 세대는 의류 분야에서는 똑같이 찍어낸 옷이 아닌 개인의 취향을 잘 표현해 줄 수 있는 맞춤형 옷과 '내가 가진 윤리적 의식'을 잘 보여줄 수 있는 패션을 선호하는 것으로 나타났다. 또한 빨래, 건조, 다림질과 같은 노동을 대신해 주는 서비스의 소비도 늘어나고 있다.

푸드 분야에서는 효율성을 우선으로 추구하는 라이프스타일로 변화가 일어나 번거롭게 장을 보고 요리를 하는 것보다 외식을 하거나 가정 간편식을 사 먹는 소비가 증가하고 있다. 먹는 것 또한 지금 현재의 행복을 누릴 수 있는 투자로 생각해 비싸더라도 마음의 만족을 느낄 수 있는 가심비가 중요한 선택 기준이 되고 있다.

라이프 환경 요인	라이프스타일 기저의 인식 변화	라이프 트렌드
Social · 저출산 · 1자녀 가구 증가 · 1인 가구 확대 · 교육 수준 향상 · 해외여행 경험 증대	**I, Me, Mine** · '나'를 중시 · 개성·취향 및 나만의 스타일을 추구 · 오늘의 행복 및 자기 만족 · 불편한 소통 대신 집에서의 단절을 선호 · 'Do It For Me' 성향 · 가사 노동의 효율화 추구	**衣** · 의류 관리 가전 · 온디맨드(On Demand) 서비스 · 매스 커스터마이제이션 Mass Customization · 컨셔스(Conscious) 패션 트렌드
Technology · 첨단기술의 발전 · SNS 이용 확대 · 동영상 스트리밍 보급 확대 · O2O 서비스 상용화	**Digital** · 텍스트 대비 동영상을 통한 정보 이해가 빠름 · 다양한 채널을 통한 가치관 및 자아 신념 표현 · SNS 소통 및 경험 공유 · 멀티 디바이스 활용	**食** · 요리 및 식재료 손질 간소화 · 이색 식재료 소비 확대 · 장보기 대행 및 외주화 확산
Economic · IMF 외환위기 · 글로벌 금융위기 · 소득 수준 향상 · 공유경제 관련 시장 확대 **Political** · 주 52시간 근무제 · 최저 임금 · 환경보호 관련 규제	**Value** · 환경·사회 이슈에 민감 · 의사결정 시 가격 외 다양한 요소를 고려 · 직접적 경험 중시 · 현실적 · 편리함 추구 · 건강 중시 · 소유 대신 공유 · 삶의 질 중시	**住** · 홈 비즈니스 · 취향 녹인 맞춤형 거주 공간 · 코디비주얼(Co-divisual) 리빙 트렌드

▲ 밀레니얼과 Z세대 등 주력 소비 세대의 부상과 라이프 트렌드 변화 (출처: 삼정KPMG)

주거 분야에서는 남들과 똑같은 집에서 살기보다는 조그만 집이
라도 자신의 라이프스타일과 생활 습관에 맞춰진 주거 공간을 원하
고 자신의 개성과 취향을 마음껏 표현할 수 있는 가구, 인테리어 소
품 등의 소비가 늘어나고 있다.

디지털네이티브 세대의 구매 특징

디지털네이티브 세대는 소비 및 구매에 있어서 기존 세대와 다른
양상을 보인다. 아날로그 방식보다 디지털 방식을 선호하고 소셜미
디어를 활용하여 타인과 적극적으로 커뮤니케이션하며 개인의 취
향을 중요시 여기면서 사회적 책임과 공정성에 그 누구보다 앞장서
목소리를 높이는 특징이 있다. 이러한 디지털네이티브 세대의 소비
및 구매의 특징을 살펴보면 다음과 같다.

첫 번째, 모든 소비와 구매에 있어 스마트폰 의존도가 높다. 디지
털네이티브 세대는 어릴 때부터 스마트폰을 사용했기 때문에 PC보
다는 다양한 모바일 앱을 통해 습득한 브랜드 정보를 더 신뢰하고
패션, 뷰티 등의 소비재 품목 구매 시 모바일 앱을 활용한 쇼핑을
선호한다. 언제 어디서나 실시간으로 새롭게 등록된 신상품을 확인
하고 할인 정보를 받아 볼 수 있으며 구매 시 번거롭게 결제 정보를
입력할 필요 없이 바로 결제가 가능하기 때문에 모바일 앱 활용 비
중이 높다.

두 번째, 구매 의사결정 단계에서 소셜미디어 및 인플루언서를
적극 활용한다. 디지털네이티브 세대는 TV, 신문 등의 기존 매스미

디어가 일방적으로 전달하는 정보를 무조건적으로 수용하기보다는 소셜미디어를 통해 적극적으로 정보를 수집하고 대화를 주고받으면서 신중하게 구매를 결정한다. 또한 구매를 위한 정보 탐색 시 유명 연예인보다 인기 있는 인플루언서들이 인스타그램 및 유튜브를 통해 제공하는 정보를 더 신뢰한다. 구글 트렌드 보고서에 따르면 디지털네이티브 세대 10명 중 7명은 유명 연예인보다 인플루언서를 더 좋아하며 10명 중 6명은 유튜브 인플루언서의 영향을 받아 소비를 결정한다고 응답하였다.

세 번째, 구매 여정 단계에서 정보 탐색 및 체험이 무엇보다 중요하다. 디지털네이티브 세대는 합리적인 구매 결정을 하기 위하여 기존 세대보다 더 많은 탐색 과정을 거치고 무엇보다 구매 결정 시 제품 체험을 중요하게 여긴다. 검색, 소셜미디어, 상품평 및 후기, 가격 비교 등을 꼼꼼하게 살펴보고 마지막으로 자신이 최종적으로 선택한 구매 후보군을 친구에게 보여주며 의견을 구하는 등 적극적인 탐색 과정을 거친다. 탐색하는 단계에서 제품의 사용 방법을 소개하는 동영상이나 사용 전후(Before&After)의 제품을 간접적으로 체험할 수 있는 콘텐츠를 적극적으로 활용하여 구매를 결정한다.

네 번째, 자신만의 개성과 라이프스타일을 잘 표현해 줄 수 있는 브랜드를 선호한다. 디지털네이티브 세대는 자기 주도적이며 확고한 스타일을 가지고 자신을 표현하는 데 거리낌이 없기 때문에 제품을 구매할 때 자신만의 개성과 라이프스타일을 잘 보여 줄 수 있는 브랜드를 선호한다. 브랜드 선택 기준에 있어서 다양한 브랜드들 중에서 소규모의 신생 브랜드라고 하더라도 자신의 취향을 존중

하고 다양성을 포용할 수 있는 브랜드라면 기꺼이 비싼 돈을 지불하고서라도 구매한다. 또한 유명 브랜드와 한 가지 브랜드만 고집하기보다는 인스타그램과 유튜브를 통해 자신의 개성과 라이프스타일에 맞는 새로운 제품과 다양한 브랜드 발굴을 위해 시간 투자를 아끼지 않는다. 보스턴컨설팅그룹 자료에 따르면, 디지털네이티브의 이러한 브랜드 선택 기준으로 인해 2011년부터 2016년까지 미국 식품/화장품 대기업 시장점유율의 3%에 해당하는 220억 달러가 중소기업으로 넘어간 것으로 나타났다.[2]

다섯 번째, 제품 선택 기준에 있어 기업의 사회적 책임을 중요하게 여긴다. 디지털네이티브 세대는 싼 가격과 제품의 성능과 기능도 중요하지만 각종 사회적 이슈에 민감하게 대응해 무엇보다 공정한 생산, 합리적인 가격, 환경 및 동물 보호 같은 기업의 사회적 책임과 지속가능성을 중요한 구매 선택 기준으로 생각한다. 제품뿐만 아니라 제품을 생산하는 회사의 윤리의식과 사회적 역할에 의미를 부여해 가격이 다소 비싸더라도 자신이 생각하는 준거 기준에 맞는 브랜드를 선택하는 것으로 자기정체성을 재확인하는 이른바 '의식적 소비'를 선호한다. 미국 컨설팅 업체 퓨처캐스트Futurecast의 조사에 따르면 10대 청소년의 60%가 사회적 역할에 충실한 브랜드를 소비하겠다고 답했다.

마지막으로 온·오프라인을 넘나들면서 구매한다. 디지털네이티브 세대는 소셜미디어 같은 디지털미디어를 적극적으로 활용해 정

---

2   〈소비 주류 떠오른 밀레니얼 세대, 웰빙·친환경 제품으로 잡아라〉, 매일경제, 2018. 7. 20.

보를 탐색하지만 실제 구매는 오프라인 매장을 방문하여 직접 체험하고 결정하는 식으로 온·오프라인을 넘나든다. AT커니 조사에 따르면 디지털네이티브 세대의 80%는 온라인쇼핑보다 오프라인매장에서 쇼핑하는 것을 선호하는 것으로 나타났다.[3] 오프라인 매장 쇼핑을 선호하는 이유는 매장에서 신상품을 발견하는 즐거움(73%)이 있기 때문이다. 그렇기 때문에 디지털네이티브 세대는 백화점보다는 친구들과 함께 신상품 정보를 얻고 제품을 직접 체험하고 놀 수 있는 로드숍이나 팝업숍을 자주 방문한다.

  기업들이 디지털네이티브 세대를 매일 스마트폰이나 들여다보면서 소셜미디어에 글이나 올리고 게임에 푹 빠져 있는 세대로 규정하고 우리 기업과 상관없는 소비자로 무시하게 되면 큰코다칠 수 있다. 디지털이 일상화된 디지털네이티브 세대가 새로운 소비 세력으로 부상하고 기존 부모 세대에 영향을 끼치고 트렌드를 주도하면서 기업의 제품, 채널, 커뮤니케이션 방식을 모두 바꿔 놓고 있기 때문이다. 디지털화된 고객이 주도하는 변화에 대응하기 위해서는 기업 또한 디지털화된 프로세스를 갖추고 디지털화된 커뮤니케이션 방식으로 소통할 수 있는 디지털화된 기업으로 트랜스포메이션 해야 성공할 수 있다.

3 "How gen z's concern with emotional health fuels retail growth and failure", A.T. Kearney, 2019. 9.

디지털 네이티브 브랜드는
어떻게 탄생하였는가?

1장

디지털네이티브 브랜드의 출현

뉴욕타임스NewYork Times는 2020년 1월에 기존 대기업이 장악한 소비재 시장에서 기본 구매 방식을 바꿔 놓은 신생 스타트업들을 특집으로 소개하였다.[1] 달러쉐이브클럽Dollar Shave Club, 와비파커Warby Parker 같은 기업들이 고객들의 의견을 상품 및 서비스에 반영하여 새롭게 브랜드를 재정의하고 고객 경험을 강화하면서 거대 기업들의 약점을 파고들어 시장을 주도하고 있다는 것이다. 사업을 시작한 지 얼마 안 된 신생 기업들이지만 각 카테고리에서는 이미 기존 대기업의 시장점유율을 조금씩 장악해 나가고 있다. 더불어 새로운 소비 세력으로 부상하고 있는 디지털네이티브 세대들이 선호하는 브랜드로 인지도를 확대하고 있다.

디지털네이티브 브랜드의 특징

2016년, 온라인 남성의류 브랜드 보노보스Bonobos의 CEO인 앤디 던

---

1   "They Changed the Way You Buy Your Basics", *NewYork Times*, 2020.01.23.

Andy Dunn은 디지털플랫폼을 기반으로 기존 기업과 차별화된 고객 경험을 제공하여 고객과 직접적인 거래를 하는 브랜드를 디지털 네이티브 버티컬 브랜드Digitally Native Vertical Brand, DNVB(이하 디지털네이티브 브랜드)로 정의하였다.[2] 앤디 던은 이러한 디지털네이티브 브랜드의 특징을 다음과 같이 설명하고 있다.

첫 번째, 고객과의 거래와 관계를 맺는 모든 상호작용이 전적으로 온라인을 통해서 일어난다. 디지털네이티브 브랜드는 온라인을 기반으로 탄생하였으며 디지털플랫폼이 디지털네이티브 세대인 밀레니얼과 Z세대를 타깃으로 삼아 그들의 구매 경험을 강화하고 마케팅커뮤니케이션을 진행할 수 있는 역할을 한다.

두 번째, 디지털네이티브 브랜드는 e커머스 채널이 필요하지만 e커머스 채널 자체가 핵심 자산Core Asset은 아니다. 디지털네이티브 브랜드에서 핵심 자산은 브랜드이며 브랜드는 단일화된 카테고리와 제품에 집중하는 버티컬Vertical 형태로 이루어져 있다. 브랜드는 제품과 웹사이트를 모두 포함하고 있다.

세 번째, 디지털네이티브 브랜드는 e커머스e-Commerce가 아닌 버티컬 커머스Vertical Commerce이다. 제품 기획, 생산, 판매, 마케팅을 수직계열화시켜 생산 및 판매 비용을 최소화할 수 있는 버티컬 커머스이기 때문에 e커머스 대비 매출총이익이 2배(65% vs 30%), 기여마진은 4~5배(40~50% vs 10%) 더 높다.

---

2   Andy Dunn, "The Book of DNVB — The Rise Of Digitally Native Vertical Brands", Medium, 2016. 5. 10.

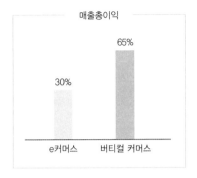
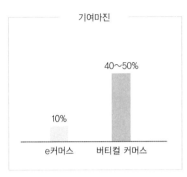

▲ e커머스와 버티컬 커머스 매출 및 기여마진 (출처: Andy Dunn)

네 번째, 디지털네이티브 브랜드는 고객 경험에 집착하고 집중한다. 제품 품질부터 웹과 모바일에서의 사용성, 개인화 서비스, 사후 관리 지원 등 고객 경험을 강화하기 위해 노력한다. 구매가 전적으로 온라인으로 이루어지다 보니 실제 오프라인 매장에서 구매하는 것 같은 경험을 제공해 주기 위하여 제품 브랜딩부터 구매 전 과정을 철저하게 관리한다. 고객 관계에 있어서도 전통적인 리테일 브랜드보다 고객과의 친밀감을 더 잘 유지한다. 고객의 활동 및 상호 작용을 통해서 확보된 데이터를 분석하여 맞춤형 서비스를 제공하고 개인화된 커뮤니케이션을 진행한다.

마지막으로 디지털네이티브 브랜드는 디지털에 기반하고 있지만 디지털 전용일 필요는 없다. 궁극적으로 브랜드가 가진 가치를 효과적으로 고객들에게 전달하고 구매 경험을 강화하기 위해서 오프라인 매장의 역할이 필요하다면 채널을 확장할 수 있다. 그러나 디지털네이티브 브랜드에 있어서 오프라인 채널은 제품 판매를 위한 추가 채널이 아닌 온라인 판매를 극대화하고 상품의

| 고객 중심의 상품 기획 | 스피디한 출시주기 | 고객데이터 활용 (상품기획, 고객 경험, 개인화) | 콘텐츠 및 소셜미디어 마케팅 | 온·오프라인 연계 (Seamless Experience) |

▲ 디지털네이티브 브랜드의 특징 (출처: 디지털이니셔티브 그룹)

체험 및 효과적인 고객 커뮤니케이션 진행을 위한 브랜드 경험 공간의 역할을 수행한다.

　정리하자면 첫 번째, 디지털네이티브 브랜드는 각각의 단어가 말해 주듯이 디지털 태생Digitally Native에 기반하고 있다. 기존 브랜드들과 달리 백화점 입점이나 오프라인 매장이 아닌 제품 판매를 위한 별도의 디지털플랫폼을 구축하고 소셜미디어 등을 활용해 마케팅 및 고객과의 관계를 강화해 나간다. 두 번째는 하나의 제품에 집중Vertical한다는 것이다. 다양한 제품 라인업을 구성하는 게 아니라 단일 카테고리에 단일 제품을 대상으로 한다. 고객이 원하는 가치와 차별화된 제품 경험을 제공하는 데 초점을 맞춰서 최상의 품질과 합리적인 가격을 내놓기 위해 단일 제품에 집중한다. 단일 제품에 집중하는 것은 제품 생산주기를 단축하고 빠른 배송 및 관리 운영 비용을 절감하는 데도 효과적이다. 세 번째는 상품이 아닌 브랜드가 제공해 주는 차별화된 고객 경험을 강화하기 위해 노력한다는 것이다. 상품으로서의 기능과 성능으로서의 차별화가 아닌 고객이 느끼는 브랜드의 가치를 높여 주기 위해 이제까지 당연하다고 생각

매출총이익	낮은 이익률	높은 이익률
성장 속도	빠른 성장	점진적 성장
성장 가치	사업 성장에 따른 가치 하락	사업 성장에 따른 가치 증가
핵심 자산	판매 채널	브랜드
판매 방식	판매 채널 중심	생산부터 판매까지 수직계열화 (End to End)
핵심 전략	비용 관리 및 운영 효율성	브랜딩 및 고객 로열티 강화

▲ e커머스와 디지털네이티브 브랜드의 구분 (출처: Kevan Lee.[3] 디지털이니셔티브 그룹 재구성)

했던 상품, 가격, 판매 방식, 사후 관리 지원 등을 파괴하여 새로운 가치를 제공해 주고 있다. 더불어 진정성 있는 브랜드 가치를 전달하기 위해서 제품원료부터 환경 및 동물 보호 등을 고려하고 공정한 생산 방식, 합리적인 가격, 기업의 사회적 책임 등의 총체적 경험을 관리한다.

디지털네이티브 브랜드의 출현 배경

그런데 왜 이러한 디지털네이티브 브랜드가 출현하고 성장하게 되었을까? 이는 고객, 기술, 채널, 커뮤니케이션의 변화에서 찾아볼 수 있다.

고객 측면에서 밀레니얼 및 Z세대가 새로운 소비 세력으로 등장하면서 전통적인 리테일 브랜드에 대한 충성도가 낮아졌고, 또한

---

3   Kevan Lee. "How DNVBs Win", Medium. 2018. 12. 20.

자신의 개성과 라이프스타일을 잘 보여줄 수 있는 신생 브랜드에 관심을 가지기 시작했다. 디지털네이티브 브랜드는 단순히 상품을 판매하는 것이 아니라, 밀레니얼 및 Z세대가 원하는 높은 품질, 개인 맞춤, 합리적인 가격, 차별화된 브랜드 경험, 기업의 사회적 책임 등을 담아 디지털네이티브 세대가 열망하는 브랜드 가치를 제공해 주었다.

기술 측면에서는 공장자동화를 통한 맞춤형 소량 생산이 가능하고 저렴한 비용으로 손쉽게 커머스 플랫폼을 구축할 수 있게 되었다. 3D프린팅 기술을 활용해 단기간에 시제품을 제작하여 고객의 수요를 파악함으로써 맞춤형 생산을 통해 생산주기 및 원가를 절감할 수 있다. 별도로 커머스 플랫폼을 개발할 필요 없이 쇼피파이 Shopify, 우커머스 WooCommerce, 카페24, 고도몰, 위사 같은 커머스 플랫폼 회사들이 제공하는 서비스를 활용하여 간단하게 상품 관리, 결제, 재고 관리 등을 구현할 수 있게 되었다.

채널 측면에서는 온라인 및 모바일 구매 비중이 지속적으로 늘어나면서 기존 백화점 입점 및 오프라인 판매 채널 없이도 상품 유통이 가능해졌다. 전통적인 리테일 브랜드들은 백화점, 대형마트, TV 등의 전통 채널을 주요 판매 및 전시 채널로 활용해 왔지만 디지털네이티브 브랜드는 오프라인 매장 입점 없이 고객과 커뮤니케이션하고 제품을 판매할 수 있는 온라인 및 모바일 다이렉트 채널을 활용하고 있다.

커뮤니케이션 측면에서는 인스타그램 및 유튜브 같은 소셜미디어 채널을 활용하여 브랜드 인지도 강화 및 고객 확보가 가능해졌

구분	주요 내용
고객	밀레니얼 및 Z세대가 새로운 소비 세력으로 등장
기술	고객 수요 기반 맞춤형 생산 및 저렴한 비용으로 커머스 플랫폼 구축
채널	온라인 및 모바일 기반의 다이렉트 판매 채널 활용
커뮤니케이션	소셜미디어 및 인플루언서를 활용한 마케팅 커뮤니케이션 확대

▲ 디지털네이티브 브랜드의 출현 배경 (출처: 디지털이니셔티브 그룹)

다. 전통적인 리테일 브랜드들은 TV광고 및 오프라인 매장을 활용한 판촉 활동을 통하여 마케팅 홍보를 진행하였다. 그러나 상대적으로 마케팅 예산이 부족한 디지털네이티브 브랜드들은 밀레니얼 및 Z세대가 반응할 수 있는 소셜미디어 및 인플루언서를 적극적으로 활용하여 인지도 확대 및 관계를 강화해 나가고 있다.

2장

디지털네이티브 브랜드의
비즈니스 모델

　　　　　스마트폰 보급 확대 및 디지털네이티브 세대의
등장으로, 기존의 일방향적인 인터넷 서비스 기반의 비즈니스 모델
에서 고객이 원하는 순간에 개인의 취향을 고려해 맞춤형 서비스와
상품을 제공하는 모바일 기반의 비즈니스 모델로 변화되고 있다.

　현재의 비즈니스 모델 중 이렇게 언제 어디서나 고객이 원하는
순간에 원하는 형태로 상품 및 서비스를 제공하는 온디맨드
비즈니스 모델이 중심이 되고 있다. 디지털네이티브 브랜드도 크게
보면 고객 니즈에 부합하는 상품과 고객 경험을 제공한다는 측면에
서 온디맨드 비즈니스 모델에 속한다고 볼 수 있다.

　디지털네이티브 브랜드는 현재의 온디맨드 비즈니스 모델 기반
에서 고객이 원하는 가치와 경험을 제품과 서비스로 구성한 것이라
면, D2C와 구독 모델은 이러한 디지털네이티브 브랜
드를 고객에게 제공하는 방식이다. 즉, 디지털네이티브 브랜드를
제공하는 방식은 기존 온·오프라인의 중간 유통 채널을 거치지 않
고 고객에게 다이렉트 채널을 활용하여 제공하는 D2C 방식과 매

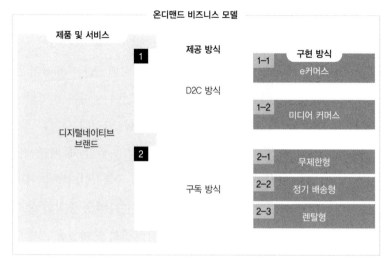

▲ 디지털네이티브 브랜드 비즈니스 모델 구조(출처: 디지털이니셔티브 그룹)

월 정기적으로 상품과 서비스를 제공하는 구독 방식으로 구분할 수 있다. D2C 방식의 구현은 다시 카탈로그 중심으로 상품을 소개하는 e커머스 형태와 동영상 콘텐츠를 중심으로 상품을 소개하는 미디어 커머스 형태로 구분할 수 있다. 구독 방식 또한 이용 방식 및 지불 형태에 따라 무제한, 정기 배송, 렌탈 형태로 나뉜다.

　디지털네이티브 브랜드의 비즈니스 모델을 구성하고 있는 각각의 요소들을 살펴보면 다음과 같다.

온디맨드 비즈니스 모델 On-Demand Business Model

온디맨드는 공급 중심이 아니라 수요가 모든 것을 결정하는 시스템이나 전략 등을 총칭하는 개념이다. 즉 일방적으로 기업이 고객에게 상품이나 서비스를 제공하는 방식(공급 중심)이 아닌 고객이 필요로 하고 원하는 것을 요청하면 고객에 맞는 상품이나 서비스를 제공하는 방식(수요 중심)이 온디맨드이다. 온디맨드라는 개념이 갑자기 등장한 것은 아니다. 인터넷 시대에 개인이 원하는 동영상을 마음대로 주문해서 보는 주문형 비디오 제공 방식인 VOD_{Video on} _{Demand}를 비롯하여 음악, 뉴스, 책 등을 사용자가 원할 때 제공받을 수 있는 다양한 방식의 서비스가 존재하였다. 이는 인터넷을 기반으로 PC라는 제한된 환경에서 소비할 수 있는 콘텐츠 중심의 온디맨드 서비스였다. 그런데 스마트폰이 등장하면서 모바일을 기반으로 일상생활에서 언제 어디서나 실시간으로 자신이 원하는 서비스를 이용할 수 있는 생활 중심의 온디맨드 서비스로 확장되었다.

온디맨드 서비스는 소비자 입장에서 간편하게 버튼 하나만 누르면 자신이 원하는 서비스를 저렴한 비용으로 언제 어디서나 제공받을 수 있으며 공급자 입장에서는 플랫폼을 활용하여 새로운 비즈니스 기회 및 수익을 확보할 수 있다. 플랫폼 제공자는 플랫폼만 제공할 뿐이며, 별도로 인건비, 관리비 등의 제반 비용을 들이지 않더라도 손쉽게 서비스를 제공할 수 있다.

현재 국내 온디맨드 비즈니스는 초기 음식 배달, 부동산 중개, 택시, 숙박, 패션 같은 서비스에서 일상생활에서 다양한 타깃층을 대상으로 구매력이 높고 가격저항력이 없는 세차, 주차, 가사, 세탁, 미용 등 다양한 생활편의 서비스 분야로 확대되고 있다.

음식 주문	배달의민족, 요기요 등
부동산 중개	직방, 다방 등
택시 호출	카카오택시, T맵택시 등
자동차	쏘카(자동차렌트), 카닥(견적 서비스), 와이퍼(손 세차), 헤이딜러·바이카·피알앤디·첫차(중고차), 파킹온(주차대행), 인스타워시(세차) 등
패션	브리치, 스트라입스(와이셔츠 맞춤 서비스), 서울스토어, 우먼스톡, 브랜디, 코디북 등
가구/인테리어	삼분의일(폼 메트리스 판매), 집닥, 오늘의집 등
숙박	야놀자, 여기어때 등
홈케어	대리주부, 홈마스터(청소), 크린바스켓, 세탁특공대, 워시스왓(세탁물 새벽 배송) 등
뷰티샵	카카오헤어샵, 헤이뷰티, 스타일뷰티, 뷰티인나우, 컷앤컬 등

▲ 국내 분야별 온디맨드 비즈니스 업체 (출처:디지털이니셔티브 그룹)

D2C 모델 Direct to Consumer Model

디지털네이티브 브랜드를 말할 때 D2C와 동일한 개념으로 정의를 내리는 경우가 많다. 그러나 디지털네이티브 브랜드와 D2C는 상호 보완적인 관계라고 볼 수 있다. 디지털네이티브 브랜드가 상품 및 서비스 그 자체라면 D2C는 디지털네이티브 브랜드를 효과적으로 고객에게 제공하기 위해 활용하는 판매 방식 중 하나이다.

　D2C는 제조 업체가 백화점, 마트 등의 중간 도소매를 거치지 않고 자체 판매 채널을 통해 고객에게 직접 제품을 판매하는 방식이다. PR 커뮤니케이션 대행사 디퓨전Diffusion의 조사에 따르면 미국인 40%가 중간 도매상을 거치지 않고 소비자에게 직접적으로 제품을

제조/생산 → 도매 업체 → 소매 업체 → 소비자

제조/생산 → 마케팅/광고 → 소비자

▲ 전통 판매 방식과 D2C 방식 비교 (출처: 디지털이니셔티브 그룹)

판매하는 D2C 브랜드 제품을 구매한 것으로 조사되었다.[4] 제품 카테고리에서 살펴보면, 건강 및 뷰티(35%), 의류(34%), 테크 및 가젯(26%) 부문에서 전통적인 제품보다 D2C 브랜드를 선호하는 것으로 나타났다. 기존 매장보다 D2C 제품을 선택하는 이유로는 저렴한 비용(48%)과 빠른 배송·쉬운 반품(43%) 등이 꼽혔다.

디지털네이티브 브랜드가 D2C 방식을 선호하는 이유는 다음과 같다. 첫 번째, 비용 절감 및 매출 증대 효과 때문이다. 전통적인 제조사들이 브랜드 인지도를 강화하고 단기간에 매출을 증대하기 위하여 백화점 및 마트 등에 입점하여 제품을 판매하기 위해서는 평균 30% 정도의 높은 수수료를 지불해야 한다. 이러한 비용은 고스란히 고객 부담으로 가격 책정에 반영되어 영업 이익 규모가 축소될 수밖에 없다. 그러나 D2C는 중간 도소매를 거치지 않고 고객과 직접적으로 거래하기 때문에 수수료 비용을 절감하여 저렴한 가격에 제품을 판매함으로써 매출을 증대시킬 수 있다. 예를 들어 나이키가

---

4   "2020 Direct to Consumer Purchase Intent Index", Diffusion, 2019. 12.

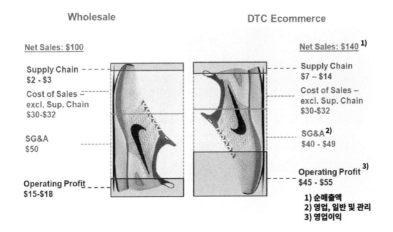

▲ 나이키 D2C 모델 비용 구조 (출처: A.T. Kearney,[5] 디지털이니셔티브 그룹 재구성)

D2C 방식으로 제품을 판매하는 경우 중간 도매상을 거쳐 판매하는 홀세일Wholesale 방식보다 순매출액(40달러)과 영업이익(30~37달러) 모두 더 높다. 디지털네이티브 브랜드의 경우 별도의 오프라인 매장이 아닌 인터넷과 모바일을 활용하여 D2C 채널을 구축하기 때문에 전통적인 제조사보다 매장 운영 및 인건비 절감 효과가 더 크다.

두 번째, 진입장벽과 견제 때문이다. 소규모 신생 브랜드가 기존 백화점 등의 오프라인 유통 채널에 입점하여 제품을 판매하는 게 쉽지 않다. 매장에 입점하더라도 기존 오프라인 제조 업체의 독점과 견제 때문에 제품의 매대 배치 및 점유율을 확보하는 게 어렵다. 그러나 D2C는 기존 오프라인 제조 업체의 견제 없이 빠르게 시장에 진입하여 고객을 대상으로 다이렉트 마케팅을 함으로써 단기간

5 "DTC and Parcel Shaping The e-commerce Logistics Landscape", A.T. Kearney, 2018. 3.

에 브랜드 인지도를 강화하고 매출을 확보할 수 있다.

세 번째, 브랜드 인지도 강화 및 고객 관계 구축이 가능하다. 백화점이나 오픈마켓에 입점하여 상품을 판매하는 경우 상품 배치, 디자인 구성, 운영 관리, 고객 커뮤니케이션 방식 등을 입점 업체가 지정한 방식에 따라 구성해야 한다. 백화점 및 오픈마켓 등 대부분의 홀세일 구조는 카탈로그 형태로 상품을 노출시켜 주고 구매로 이어지도록 최적화되어 있어, 별도로 제조사의 브랜드를 소개하고 체험을 강화하여 브랜드 인지도를 확보하는 데 한계가 있다. 고객 커뮤니케이션 또한 단순 상품 문의만 대응할 뿐 현재 고객의 구매 상태에 따라 그들의 문제를 즉각적으로 해결하는 데 어려움이 있다. 그러나 D2C는 고객들이 브랜드를 경험하고 공감할 수 있도록 스토리텔링 형태의 별도 브랜드 소개 페이지를 개설할 수 있을 뿐만 아니라 개인화된 맞춤형 구성 및 상품을 간접적으로 경험할 수 있는 다양한 서비스도 제공할 수 있다. 또한 현재의 고객 구매 상태를 파악하여 고객의 문제 해결을 도와줘 고객과의 관계를 강화해 나갈 수 있다.

네 번째, 고객 데이터 확보가 용이하다. 일반적으로 홀세일 판매 구조에서 판매 데이터 이외의 고객 데이터는 제품을 판매하는 백화점 및 오픈마켓 등이 가지고 있기 때문에 제조사가 확보하기가 쉽지 않다. 그러나 D2C 구조에서는 고객 방문 데이터, 반응 데이터, 구매 데이터 등의 다양한 고객 행동을 분석할 수 있는 데이터를 손쉽게 확보할 수 있어 이를 기반으로 고객 개개인의 맞춤형 마케팅 대응이 가능하다. 더불어 별도의 시장조사 및 트렌드 분석 없이 확보된 고객 데이터를 분석하여 고객 니즈에 맞는 신상품 등을 빠르게 기획함으로써 제품 출시 기간을 단축할 수 있다.

D2C 채널을 운영하는 데 다양한 장점이 있지만 온라인 가격 관리, 고객 관계 관리Customer Relationship Management, CRM 역량, 물류 및 배송 측면에서의 오퍼레이션 역량 등이 요구되며, 이에 대한 철저한 준비를 기반으로 투자 대비 수익성에 대한 사전 검증이 없으면 실패로 이어질 확률이 높다.

미디어 커머스 모델Media Commerce Model

디지털네이티브 세대의 인스타그램 및 유튜브 등 동영상 콘텐츠 활용과 모바일쇼핑 구매가 늘어나면서 기존 e커머스 기반의 성장 한계를 극복하기 위한 새로운 대안으로 미디어 커머스가 주목받고 있다. 디지털네이티브 브랜드 또한 동영상 콘텐츠를 활용해 효과적으로 브랜드 스토리를 전달할 수 있으며 생방송을 통하여 실시간으로 제품을 소개하고 구매를 유도할 수 있어 커머스 방식에 적극 활용하고 있다. 더불어 별도의 커머스 플랫폼 구축 없이 인스타그램 및 유튜브를 활용해 마케팅 및 판매를 동시에 진행할 수 있다는 장점이 있어 최근 D2C 채널로서 활용이 늘어나고 있다.

미디어 커머스는 미디어Media 와 커머스Commerce 가 결합된 형태로 드라마, 영화, 예능, 최근 개인 유튜브 방송 콘텐츠까지 다양한 미디어 콘텐츠를 활용해 상품을 판매하는 방식이다. 내용의 제약 없이 트렌드를 빠르게 반영해 고객의 구매 욕구를 자극하는 데 효과

적이다. 전통적인 홈쇼핑이 오프라인 기반의 TV를 통하여 제품을
중심으로 일방적으로 상품의 기능이나 성능을 전달하는 형태였다
면, 최근의 미디어 커머스는 페이스북, 인스타그램, 유튜브를 활용
하여 브랜드의 스토리 및 재미와 흥미를 느낄 수 있는 콘텐츠를 제
공해 고객들의 공감을 불러일으켜 구매를 유도하는 방식으로 진행
된다.

디지털네이티브 브랜드들은 스토리 전달, 체험 강화, 채널 구축
형태로 미디어 커머스를 구현하고 있다. 스토리 전달 방식은 브랜
드의 스토리 및 차별화된 가치에 고객들이 공감할 수 있도록 카드
뉴스, 동영상 등을 스토리텔링한 형태로 브랜드를 소개하여 구매로
연결시키는 방식이다. 온라인 편집숍인 29CM는 상품 페이지마다
브랜드 특색에 맞춰 사진 및 동영상을 활용한 자체 콘텐츠를 제작
하여 브랜드가 가진 차별화된 가치를 고객들에게 전달함으로써 구
매를 유도한다.

체험 강화는 고객이 직접 체험할 수 없는 온라인 한계를 극복하

▲ 29CM 브랜드 페이지(출처: 29CM)

기 위하여 인플루언서를 활용한 제품 언박싱 및 제품 체험기나 실구매 고객들의 생생한 사용 전후 후기의 동영상을 게재하여 고객들의 체험과 공감을 이끌어 구매를 유도하는 방식이다. 뮈젤은 힐링패치를 출시하면서 유튜브, 페이스북, 인스타그램 등의 소셜미디어에 힐링패치 사용 전후를 체험할 수 있는 체험 동영상을 공개했다. 동영상은 패치에서 땀과 노폐물이 배출되는 과정부터 사용 후 다리 피로가 풀리는 과정까지, 전 과정을 생생하게 담아 고객들이 제품의 성능 및 효과를 체험할 수 있게 하였다. 해당 영상은 400만 이상의 동영상 조회 수를 기록하였으며 1만 개 이상의 해시태그(#)가 달리는 등 입소문 효과가 판매로 이어져 2018년 한 해 동안 100억 원 넘게 판매되었다.

붙이고 자기만 하면 종아리 알이 좌~악 빠진다는 힐링패치 리뷰! SNS광고... 나 또 속았니..? | 미니월드
미니월드 Minni • 조회수 4만회 • 1년 전
데디데라피 #디마릴렉스발패치 #sns광고 *영상은 개인적인 후기가 들이가 있습니다. 오늘은 정말 혹해서 사버린 SNS광고템 리뷰 ...

[내돈내산]하체비만에 정말 좋을까? 따뜻한 릴렉스 패치
goldmir골드미르 • 조회수 6.3천회 • 3개월 전
릴렉스패치#메디테라피#하체비만 안녕하세요 골드미르입니다. 제가 지금 2주간 다이어트를 하고 있는데요. (운동x,소식에 No ...

더마 릴렉스 힐링패치!! 야식 먹은 날 vs 안먹은 날!! 광고 검증 들어간다!!
언니가 사본다 • 조회수 1.8만회 • 1년 전
영상이 맘에 든다면! "좋아요"와 "구독" 한 번 씩! 구독 후 "알람설정"도 부탁해! 메디 테라피 더마 릴렉스 힐링패치 (4회분) 19800원 ...

SNS 대란템?! 뒤늦게 나도 힐링패치 써본 솔직후기!
K.LYNN케이린 • 조회수 2.5천회 • 1년 전
insta☆ https://www.instagram.com/_klynn_beauty/ ------------------ 안녕하세요 케이린입니다 !! 오늘은 얼마전 경주 여행영상은 ...

▲ 뮈젤 힐링패치 체험 동영상 (출처: 유튜브 검색)

채널 구축은 브랜드를 소개하고 제품을 체험하는 마케팅 목적이 아니라 고객에게 직접적으로 상품을 판매할 목적으로 홈쇼핑 같은 동영상 채널을 구축하여 방송을 진행하는 방식이다. 국내 주요 소셜커머스 및 홈쇼핑 업체들이 D2C 사업에 뛰어들면서 가장 많이 활용하는 형태다. 별도의 편성을 통해, 기존에 쇼호스트들이 매주 신상품을 딱딱하게 소개하던 진행 방식이 아니라, 형식에 얽매이지 않고 제품에 관심을 가질 수 있도록 재미있게 프로그램을 구성하여 구매를 유도한다.

티켓몬스터는 자체 미디어 커머스 채널인 '티비온   '을 개설해 '정형돈 도니도니 돈까스'를 판매하였다. 개그맨인 정형돈이 출연해 진행자와 자유롭게 농담을 주고받으면서 진행된 방송은 실시간으로 뜨거운 반응을 일으켜 판매 당일 전량이 매진되었으며 방

▲ 티켓몬스터 티비온(출처: 티켓몬스터)

송 영상은 5일 만에 조회수 200만을 기록하였다.

미디어 커머스는 최근 인플루언서의 영향력이 커지면서 기존에 단순하게 자신의 채널에서 타사 상품을 소개하고 체험 후기 방송을 하는 차원을 넘어서 인플루언서들이 직접 상품을 기획·생산하여 판매하는 형태로 진화하고 있다. 인플루언서들이 OEM Original Equipment Manufacturing 방식으로 상품을 기획·생산하여 자신만의 브랜드를 만들어 판매하거나 자신의 채널 구독자들이 선호할 만한 트렌드에 맞는 상

스토리 전달	브랜드 스토리텔링 기반 소개 페이지, 카드 뉴스, 동영상 제공	브랜드 동영상
체험 강화	인플루언서 및 실구매 고객의 제품 리뷰 및 체험 동영상 활용	언박싱, 제품 리뷰, 제품 체험기 등
채널 구축	홈쇼핑 형태의 동영상 채널을 구축하여 방송 편성 및 상품 소개	쇼호스트 진행, 라이브 커머스 방송

▲ 디지털네이티브 브랜드의 미디어 커머스 활용 (출처: 디지털이니셔티브 그룹)

품을 직접 소싱하여 판매하고 있다.

또한 최근 매장 내에서 실시간으로 직접 제품을 소개하고 판매하는 라이브 커머스Live Commerce도 늘어나고 있다. 라이브 커머스의 장점은 별도의 방송 장비나 스튜디오 없이 스마트폰 하나로 상품이 있는 곳이라면 언제 어디서나 상품 판매 방송이 가능하다는 것이다. 단순한 정보 전달에 그치지 않고 현장에서 상품을 다양한 각도로 보여주고 직접 체험하면서 고객 입장에서 궁금한 사항을 바로 채팅으로 전달할 수 있어 쌍방향 소통으로 구매를 유도한다. 인플루언서에 대한 신뢰와 함께 기존 e커머스보다 더 많은 정보를 고객에게 전달할 수 있으며 고객과의 실시간 쌍방향 소통으로 고객의 문제를 바로 해결해 구매욕구를 상승시킴으로써 구매전환율을 높이고 있다.

중국에서는 2016년부터 모바일 라이브 방송 시대가 개막하면서 후야, 더우위 등 동영상 플랫폼이 등장했고 도우인(틱톡), 콰이쇼우 등은 동영상 플랫폼에 커머스 기능을 추가해 성장세를 보이고 있다. 타오바오, 징동닷컴, 모구지에 등도 라이브 커머스 서비스를 추가했다. 2019년 알리바바의 광군제 기간 동안 하루에 전년 대비

49

▲ 타오바오 라이브 커머스 (출처: 타오바오)

26%가 증가한 약 44조 원 매출을 기록하였다. 특히 화장품, 패션, 가전기기, 의류, 쥬얼리, 자동차, 식료품 등 인기 제품군은 라이브 방송을 적극 활용하였다. 뷰티 부문 사전 판매 관련 라이브 방송을 사용한 판매사업자 수는 약 200% 증가했으며 라이브 방송을 통해 성사된 거래 건수는 전년동기 대비 약 50배 증가했다.[6] 국내도 2018년부터 본격적으로 라이브 커머스가 성장하면서 네이버의 쇼핑라이브, 카카오의 톡딜라이브, 그립 등의 다양한 라이브 커머스 서비스가 등장하기 시작하였다.

지금까지 미디어 커머스는 트렌디한 제품을 소개하는 동영상을 재미있으면서 자극적인 콘텐츠로 구성해 바이럴을 일으켜 구매를 유도하는 방식으로 진행되었다. 그러나 미디어 커머스의 진입 시장

---

6   〈2019 광군제 역대 매출 갱신, 총 거래액 26% 증가〉, 주간 코스메틱 제니파크, 2019.11.18.

이 낮아 기존 제조업, 백화점 및 홈쇼핑, 인플루언서들이 들어오면서 서서히 경쟁이 가속화되어 콘텐츠와 바이럴로만 고객의 지갑을 여는 데 한계에 봉착했다. 현재의 경쟁 상황에서는 무엇보다 주 타깃인 디지털네이티브 세대의 개성과 라이프스타일을 고려해 철저하게 상품을 기획 및 브랜딩하고, 마케팅 역량을 갖춰 제대로 된 디지털네이티브 상품을 제공해야 선점할 수 있다.

구독 서비스 모델 Subscription Service Model

디지털네이티브 브랜드 중에서 대표적인 성공 기업으로 매월 정기적으로 면도날을 배송해 주는 달러쉐이브클럽을 꼽을 수 있다. 달러쉐이브클럽은 고객들이 홈페이지에서 면도기 종류를 선택하고 매달 일정 금액을 지불하면 면도날이 배송되는 형태로, 2중날 면도기를 선택하면 4달러에 스테인리스 스틸 면도날 5개가 정기적으로 배송된다. 이처럼 고객이 제품이나 서비스를 이용하기 위해 매월 또는 정기적으로 반복적인 가격을 지불하는 모델이 구독 서비스 모델이다.

디지털네이티브 브랜드들이 고객에게 제품을 제공하는 방식에서 D2C 형태와 더불어 가장 많이 구현하고 있는 모델이 구독 서비스 모델이다. 가트너 Gartner 의 조사에 따르면 2023년까지 디지털네이티브 브랜드 기업의 75%가 구독 서비스 모델을 제공하게 될 것으로 분석된다.[7] 구독 모델은 디지털네이티브 세대의 구매 방식 변화에

---

[7] "Top 10 Trends in Digital Commerce", Gartner, 2019. 10. 3.

따라 성장하였다. 막연한 미래보다는 현재 자신의 삶을 중요하게 생각하는 디지털네이티브 세대에게는 제품을 소유하고 오랫동안 사용하는 방식보다 변화하는 트렌드에 맞춰 자신의 개성과 라이프 스타일을 잘 표현할 수 있는 제품을 합리적인 가격으로 정기적으로 받아 볼 수 있는 방식이 더 잘 맞기 때문이다.

구독 서비스 모델은 서비스 제공 방식에 따라 크게 무제한, 정기 배송, 렌탈 형태로 구분할 수 있다. 먼저 무제한형은 일정 금액을 지불하면 언제, 어디서나 원하는 만큼 사용할 수 있도록 제공하는 방식이다. 단일 콘텐츠를 소비하는 것보다 무제한으로 이용하는 것이 가능하기 때문에 고객의 입장에서 비용을 절감할 수 있다. 주로 월정액 요금제를 가입하면 무제한으로 소프트웨어, 콘텐츠 서비스를 사용할 수 있다.

정기 배송형은 일반적으로 디지털네이티브 브랜드들이 많이 사용하는 형태로 일정 금액을 지불하면 정해진 기간에 제품을 배송해 주는 방식이다. 고객이 번거롭게 제품 선정 및 구매 선택 시간을 소비할 필요 없이 개인의 취향에 맞는 제품을 정기적으로 배송해 주기 때문에 비용 및 시간을 절약할 수 있다. 주로 일상생활에서 많이 사용하는 면도기, 칫솔, 셔츠 등의 생활용품 및 의류 등의 분야에서 많이 활용한다.

렌탈형은 일정 금액을 지불하고 제품을 빌려서 사용하는 소비 형태로 주로 고가의 상품을 일시에 구매하기 어려운 경우 주로 사용하는 소비 형태이다. 자동차, 미술품, 정수기 분야에서 렌탈 서비스가 많이 활용된다.

유형	무제한형	정기 배송형	렌탈형
특징	언제, 어디서나 원하는 만큼 이용 가능	정해진 날짜에 품목 배송	품목 변경 가능, 이용 후 반납
품목	동영상, 음악, 소프트웨어, 게임, 책 등	면도기, 셔츠, 가방, 의류 등	차량, 미술품 등 고가제품
해외 사례	· 넷플릭스(영상) · 유튜브 레드(음악) · 스포티파이(음악) · 애플 아케이드(게임) · HTC 바이브포트 인피니티(VR게임) · 펠로톤(운동) · 마이크로소프트 오피스 365(S/W) · 어도비(S/W)	· 필팩(약품) · 큅(전동 칫솔, 치약) · 달러쉐이브클럽 (면도기-면도날) · 해리스(면도기-면도날)	· 아우디 Select(차량) · 에피카 BMW 미니(차량) · 포르쉐 패스포트(차량)
국내 사례	· 밀리의서재(e북) · 멜론(음악) · 퍼블리(콘텐츠)	· 루프트커피(원두) · 와이즐리(면도기-면도날) · 위클리셔츠(와이셔츠) · 벨루가브루어리(맥주)	· 제네시스 스펙트럼(차량) · 오픈 갤러리(미술품)

▲ 구독 서비스 모델 유형 및 사례 (출처: 유진투자증권[8] 자료 재구성)

D2C 판매가 1회성 판매로 끝날 수 있는 반면 구독 서비스 모델은 구독 기간에 따라 매출이 장기적이고 반복적으로 발생한다는 장점이 있다. 저렴한 비용으로 제품을 구매할 수 있어 고객 진입장벽이 낮아 단기간에 손쉽게 고객을 확보할 수도 있다. 또한 구독을 통해 유입된 고객의 구매 데이터를 기반으로 맞춤형 서비스를 제공할수 있으며 변화하는 고객 취향을 분석해 신상품 기획 및 신규 비즈니스 확장이 가능하다.

---

8 〈소유와 공유 가고, '구독이'가 온다〉, 유진투자증권, 2019. 6. 4.

구분	D2C 모델	구독 서비스 모델
판매 방식	제조사 제품을 직접 판매	제조사 제품을 중개
구매 방식	단발성 제품 구매	지속 및 반복성 제품 구독
수익 모델	제품 판매에 따른 수익	제품 중개에 따른 수수료

▲ D2C 모델과 구독 서비스 모델 방식 비교 (출처: 디지털이니셔티브 그룹)

그러나 다른 한편으로 변화하는 고객 니즈에 맞춰 새로운 상품과 차별화된 경험을 지속적으로 제공해 주지 못하면 고객이 이탈할 확률도 높다. 맥킨지의 조사에 따르면 미국 구독 서비스 이용자 중 50%는 첫 구독 후 6개월 안에 구독을 중지한 것으로 나타났다.[9] 고객들이 이탈하지 않고 지속적으로 정기 구독 서비스를 이용할 수 있도록 새로운 경험과 경제적 이익을 꾸준히 제공해야 한다는 이야기다. 고객 개개인의 성향을 고려한 맞춤형 상품 개발, 차별화된 경험 제공, 충성도 강화를 위한 고객 관리 차원에서의 투자가 지속적으로 이루어져야 성공할 수 있다.

---

[9] Longanecker, C., "Why You Should Use a Subscription Business Model", Entrepreneur, 2015.

직장인들에게 매일 출근할 때마다 와이셔츠를 고르는 일은 여간 번거로운 일이 아니다. 더더욱이나 기성복 형태의 와이셔츠는 개인의 체형에 최적화되어 있지 않아 업무를 보는 데 불편한 점이 많다. 이러한 문제를 해결하기 위해서 인공지능 기술을 활용하여 고객 개개인에게 스타일부터 체형까지 맞춤형 셔츠를 제작해 주는 스타트업이 '오리지널스티치Original Stitch'이다.

'모든 옷장에 맞춤 셔츠를'이라는 비전하에 2013년에 실리콘밸리에서 창업한 오리지널스티치는 소매, 칼라, 버튼, 주름 등 셔츠의 디테일한 부분까지 10억 개의 패턴을 활용해 개인화된 맞춤형 셔츠를 제공한다. 또한 고객은 400개 이상의 고품질 원단을 선택할 수 있으며, 드레스 셔츠, 캐주얼 셔츠, 정장 셔츠, 개성 있는 셔츠 등 다양한 셔츠를 개인이 원하는 방식으로 디자인하여 최소 5분 이내에 주문이 가능하다. 현재 40만 명이 가입되어 있으며, 구매 고객중 70% 이상이 재구매하는 높은 충성도를 보이고 있다.

오리지널스티치는 원래 실리콘밸리의 엔지니어들이 옷을 사러 가는 것을 귀찮아한다는 것을 알고 온라인으로 맞춤형 셔츠를 제작·배송해 주는 D2C 형태로 출발하였다. 고객들에게 맞춤형 셔츠를 제작하여 배송한다는 아이디어는 좋았으나 문제는 온라인에서 고

▲ 오리지널스티치 (출처: 오리지널스티치)

객의 체형에 딱 맞는 사이즈와 스타일을 제공한다는 게 여간 쉬운 일이 아니라는 것이었다.

오리지널스티치는 이러한 문제를 해결하고 고객 개개인에 맞는 스타일과 사이즈를 제공하기 위하여 컴퓨터 비전Computer Vision 및 인공지능 기술을 활용하여 고객에게 맞춤형 셔츠를 제공해 주고 있다. 별다른 장비 없이 사용자들이 간단하게 스마트폰의 전용 앱으로 사진만 찍으면 개개인에게 맞는 최적화된 스타일과 사이즈를 제안할 수 있도록 스타일봇Stylebot과 바디그램Bodygram이라는 서비스를 개발해 제공하고 있다.

스타일봇은 인공지능 스타일리스트 서비스로 인공지능이 고객 성향을 분석해 개인에게 맞는 셔츠 스타일을 추천해 준다. 스타일봇은 스마트폰으로 얼굴과 손목 사진을 찍어서 업로드하면 사진 정보를 기반으로 사용자의 성별, 연령, 인종, 피부색을 분석해 오리지널스티치가 보유한 10억 가지 패턴 중에서 고객에게 맞는 맞춤형 셔츠를 추천해 준다. 스타일봇은 구글의 인공지능 알고리즘인 텐서플로Tensorflow를 기반으로 컴퓨터 비전 라이브러리인 'OpenCV'와 색상평가도구인 'Pantone'에서 얼굴의 특징과 피부색을 감지한다. 그 후 "The Science of Beauty"라는 책에 나온 정보를 활용해 알고리즘 DB를 구성하여 사용자에게 맞는 색상, 디자인, 모양을 자동으로 추천함으로써 사용자가 옷을 선택할 수 있게 해 준다.

Part
03

디지털네이티브 브랜드를
어떻게 만들 것인가?

1장

제품 카테고리 선정

현재 디지털네이티브 브랜드의 제품 카테고리는 디지털네이티브 세대들이 많이 이용하고 구매하는 패션, 뷰티, 일상용품 중심으로 구성되어 있다. 전체 시장규모, 성장률 및 디지털네이티브 세대의 구매 빈도 측면에서 당연히 최우선적으로 고려해야 할 제품 카테고리들이지만 다른 측면에서 보면 진입장벽이 낮기 때문에 경쟁의 강도가 높고 그만큼 단기간에 고객을 확보하는 데 어려움이 따른다고 볼 수 있다.

디지털네이티브 브랜드를 버티컬 브랜드라고 부르는 것처럼 다양한 제품 카테고리 중에서 디지털네이티브 브랜드로서 새롭게 고객 니즈와 브랜드 경험을 기반으로 수익을 창출할 수 있는 전문 분야를 선정해야 한다. 디지털네이티브 브랜드의 제품 카테고리 적합성을 분석하기 위해서는 기본적인 시장규모 및 매출총이익부터 고객 구매력 등의 다양한 요소까지 면밀히 분석해서 카테고리 분야를 선정해야 한다. 제품 카테고리 선정을 위해 고려해야 할 사항은 다음과 같다.

제품 카테고리 선정 시 고려 사항

첫 번째, 시장 및 매출 규모를 분석해야 한다. 디지털네이티브 브랜드는 전체 시장규모도 중요하지만 무엇보다 지속적인 성장이 가능하고 수익성이 높아야 한다. 특히 기존 중간 유통망을 제외하고 D2C 방식으로 제공했을 때 매출총이익이 50% 이상이 되는지를 살펴봐야 한다.

두 번째, 고객 구매력이 어느 정도 되는지 파악해야 한다. 디지털네이티브 브랜드는 고객이 브랜드 충성도를 가지고 지속적이면서 반복적인 구매가 이루어져야 성공할 수 있다. 그렇기 때문에 고객이 연간 제품을 몇 회나 구매하는지, 구매하면 평균주문금액은 얼마인지, 제품을 재구매하는 비율은 얼마나 되는지를 분석해야 한다.

세 번째, 제조 및 관리 단계가 적합한지를 분석해야 한다. 디지털네이티브 브랜드는 빠르게 고객의 니즈 및 트렌드를 반영한 제품을 짧은 기간 내에 생산할 수 있는 체계가 중요하다. 제조 단계가 복잡하여 기간이 많이 소요되거나 비용이 상승하는지, 물류 관리 및 단

구분				
높음(High)	60% 초과	$100 초과	7회 초과	60% 초과
중간(Medium)	40~60%	$30~$100	3~7회	40%~60%
낮음(Low)	40% 미만	$30 미만	3회 미만	40% 미만

▲ 디지털네이티브 브랜드 카테고리 선정 기준 (출처: Teddy Citrin,[1] 디지털이니셔티브 그룹 재구성)

---

[1] Teddy Citrin, "The Direct-to-Consumer Landscape", Meduim, 2017. 6. 15.

위당 배송 비용이 적합한지 등을 살펴봐야 한다.

네 번째, 카테고리 분야의 진입장벽 및 시장경쟁 강도를 파악해야 한다. 디지털네이티브 브랜드는 기존 선두 업체와 차별화된 제품과 불합리하게 책정된 가격 거품에서 시장기회를 찾을 수 있다. 그렇기 때문에 현재 기존 선두 업체의 시장점유율이 높아 차별화된 고객 경험을 제공해 주지 못하거나 불합리하게 가격이 책정되어 있는지 등 기존 제품에 관하여 고객이 느끼는 브랜드 불만 요인이 무엇인지를 면밀하게 분석해야 한다. 더불어 현재 시장에서 경쟁하는 다른 디지털네이티브 브랜드들이 많아서 포화 상태인지도 점검해야 한다. 카테고리 분야에 경쟁 브랜드가 많다는 것은 그만큼 시장 진입 및 고객 확보를 위한 마케팅 비용의 상승 요인으로 작용할 수 있기 때문이다.

마지막으로, 혁신 가능 및 규제 여부도 확인해야 한다. 디지털네이티브 브랜드 제품을 차별화하고 새로운 고객 경험을 제공하기 위해서는 현재 산업 내에서 기술 혁신이 이루어지고 있는지와 규제 및 사업자 간의 이해관계가 복잡해 사업 진출에 어려움이 있는지 등을 분석해야 한다.

예를 들어 콘택트렌즈의 경우 글로벌 전체 시장규모가 120억 달러이지만 원가 비율이 낮아 매출총이익 규모가 크다. 매일 사용하는 제품으로 연간 구매 횟수 및 재구매율이 높기 때문에 충성 고객을 확보하는 경우 정기적인 매출을 확보할 수 있다. 제조 단계가 복잡하고 규제 산업이기 때문에 진입장벽이 높은 한계가 있지만 렌즈 자체가 가볍고 작기 때문에 물류 및 배송 비용을 절감할 수 있다.

구분		설명	평가
시장 및 매출 규모	시장규모	관련 카테고리 전체 시장규모가 얼마나 되는지 검토	120억 달러
	연평균성장률 (CAGR)	연평균 성장률이 증가하고 있는지 확인	5.7%
	매출총이익	매출총이익이 50% 이상 되는지 검토	높음
고객 구매력	재구매율	제품 재구매가 반복적으로 이루어지는지 확인	높음
	구매 횟수	연간 구매 횟수가 얼마나 되는지 검토	높음
	평균주문금액	고객이 평균적으로 주문하는 주문 금액의 규모가 얼마인지 검토	중간
제조 및 관리	제조 복잡성	제조 단계가 복잡하여 시간이 오래 걸리는지 검토	높음
	물류 및 배송 비용	물류투자 규모 및 단위당 배송 비용이 얼마나 되는지 검토	낮음
진입장벽 및 시장경쟁 강도	진입장벽	기존 선두 업체의 시장점유율이 높아 진입장벽이 높은지 확인	높음
	시장포화 상태	관련 경쟁 브랜드들이 많아 시장 진입이 포화상태인지 검토	낮음
	기존 브랜드 호감도	기존 브랜드에 관한 고객의 인지도 및 만족이 높은지 검토	낮음
혁신 가능성 및 규제 여부	카테고리 혁신 가능성	카테고리에 기술결합, 비용 등의 제품 혁신이 가능한지 검토	없음
	규제 및 이해관계	규제가 많고 시장에 이해 관계자들이 많아 복잡한지 검토	있음
구독 연계	구독 적합성	구독 서비스 적용 가능성이 높은지 검토	가능

▲ 제품 카테고리 선정 시 고려 사항 예시(콘택트렌즈)

현재 몇몇 기존 선두 업체가 시장을 지배하고 있기 때문에 차별화된 브랜드 경험, 합리적인 가격, 개인화된 고객 서비스 등에 한계가 있어 브랜드 호감도가 낮은 상태이다. 지난 수십 년 동안 콘택트렌즈 시장에서 괄목할 만한 제품 혁신이 이루어지지 않았으며 신규 사업자 진출이 많지 않은 상태여서 제품 혁신 및 차별화된 브랜드 가치를 제공할 경우 충분히 시장경쟁이 가능하다고 볼 수 있다.

2장
브랜드 및 고객 가치 제안

제품 카테고리를 선정하였다면 다음으로 디지털 네이티브 브랜드의 핵심인 브랜드 가치 창출 및 차별화된 제품 구성을 고민해야 한다. 무엇보다 브랜드 가치 창출 및 차별화된 제품 구성 시 디지털네이티브 세대의 가치관 및 소비 행태를 반영한 가치 제안이 이루어져야 한다.

디지털네이티브 세대를 위한 브랜드 가치 제공

디지털네이티브 세대에게 브랜드는 곧 자신의 개성과 라이프스타일을 표현하는 매개체와 같다. 과거 명품 브랜드의 전통성과 대기업의 품질 및 성능 좋은 제품보다도, 현재 삶에서 중요하다고 생각하는 가치관과 자신만의 취향과 스타일을 잘 보여줄 수 있는 브랜드여야 한다. 그래서 디지털네이티브 세대는 소규모 신생 기업의 브랜드라고 해도 자신이 생각하는 브랜드의 가치 기준과 맞다고 생각하면 가격이 비싸더라도 기꺼이 지갑을 연다. 디지털네이티브 브랜드 가치 창출을 위한 방법으로 다음 3가지 요소를 고려할 수 있다.

가치 구분	창출 내용	브랜드 가치 내용
브랜드 스토리	고객이 공감할 수 있는 브랜드 스토리를 구성한다.	창업 배경, CEO 스토리, 고객 제안 등
브랜드의 사회적 책임	브랜드의 사회적 책임을 담아 준다.	공정무역, 사회적 약자보호, 동물보호, 환경보호, 기업윤리 등
차별화된 브랜드 경험	브랜드만의 차별화된 경험을 제공해 준다.	개인 맞춤, 구매 편의, 배송 방법, 고객 응대 등

▲ 디지털네이티브 브랜드의 가치 창출 방법(출처: 디지털이니셔티브 그룹)

첫 번째는 고객이 공감할 수 있는 브랜드 스토리를 구성하는 것이다. 디지털네이티브 세대가 제품을 선택할 때 성능과 기능보다 더 중요하게 생각하는 게 브랜드 스토리이다. 남들에게 브랜드를 이야기할 때 자신이 왜 이 브랜드를 좋아하는지 이야기할 구체적인 이야깃거리가 브랜드 가치에 담겨 있어야 한다. 특히 왜 이 브랜드를 만들게 되었고 고객 관점에서 어떠한 부분을 고려해서 브랜드 가치를 제공해 주기 위해 노력했는지, 진정성 있고 공감할 수 있는 스토리가 전제되어야 한다. 이러한 브랜드 스토리는 주로 창업 배경, CEO의 스토리, 고객 제안을 중심으로 구성한다.

안경브랜드 와비파커는 창업자가 직접 겪었던 안경 구매의 불합리한 유통 구조의 문제를 해결해 나가는 과정을 브랜드 스토리로 구성해서 고객들이 공감할 수 있도록 했다. 와비파커는 창업 배경에 대해 다음과 같이 말했다. "창립 멤버인 데이브 길보아(Dave Gilboa)가 태국 여행 중 안경을 잃어버려서 귀국 후 새 안경을 사기 위해 매장을 방문했는데 안경 가격이 너무 비쌌다(미국 평균 안경 가격 $263). 구입을 포기하고 안경 없이 한 학기 동안 불편하게 보내게 되자 친구들이 안경 유통 구조를 조사하면서 안경 사업의 불합리한 유통 구조를 발견하게 된다. 조사 결과 프라다, 샤넬을 포함한 50개 브랜드의 안경이 한 회사에서 독점 제작되고 심지어 판매, 유통 또한 같은 회사가 장악하고 있었다는 사실을 알게 된다. 이후 네 명의 청년은 벤처 강좌를 수강하며 고민 끝에 사업 계획서를 완성하고 기존 판매 채널을 변화시켜 사업을 시작했다."

영화배우로 잘 알려진 제시카 알바Jessica Alba가 창업한 친환경 유아 및 가정용품 브랜드 어니스트컴퍼니The Honest Company도 엄마로서 누구나 한번쯤 겪었을 경험을 브랜드 스토리로 이야기하면서 진정성 있는 브랜드라는 이미지를 고객에게 전달해 주고 있다. 2008년에 제시카 알바가 첫째 아이를 출산한 후 딸 아너가 유아용품들을 사용하다가 그 안의 독성화학물질들로 알러지가 생긴 것이다. 제시카 알바는 유아용품들의 독성에 대해 공부하기 시작했다. 그러면서 유해물질이 포함된 유아용품들이 버젓이 유통되고 있다는 사실에 분노하게 되었고, 자신이 직접 3년 동안 유해성분 및 생활용품 전반에 관해 공부한 후 창업하였다.

그런데 브랜드 스토리를 만들어 내는 것보다 더 중요한 것은 브랜드 스토리가 진정성이 있어야 한다는 것이다. 제시카 알바는 민감성 체질로 고생했던 자신의 어린 시절 경험, 임신과 출산 과정에서 믿고 구입할 만한 친환경 유아용품을 찾기 힘들어서 고민했던 경험 등을 꾸준히 소셜미디어를 통해 공유하였다. 이와 동시에 유아용품 성분 테스팅에 대한 법안 제정을 미국 의회에 요청하기도 하면서 소비자들을 대신해 진정성 있게 직접 행동으로 보여주었다.

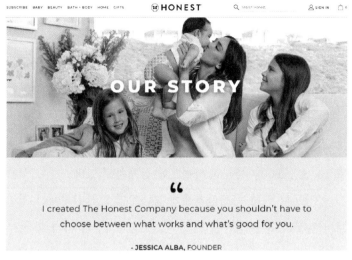

▲ 어니스트 컴퍼니 (출처: The Honest Company)

이러한 결과 어니스트컴퍼니는 친환경 유아용품으로 대기업보다 더 '믿을 수 있는 브랜드'라는 이미지를 단기간에 구축할 수 있게 되었다.

두 번째는 브랜드의 사회적 책임을 담아 주는 것이다. 디지털네이티브 세대들은 사회적 이슈와 불합리 체계에 반항적이면서 도전적으로 문제를 해결하려고 끊임없이 노력한다. 이러한 디지털네이티브 세대의 가치 기준은 고스란히 브랜드 선택 기준에 반영되어 브랜드에도 자신이 생각하는 사회적 책임과 도덕적 윤리의식이 담겨 있어야 한다. 브랜드가 디지털네이티브 세대의 가치관을 담아 '자기다움'을 표현할 수 있는 매개체로서의 역할을 수행할 수 있도록 브랜드의 정체성을 보여주어야 한다. 디지털네이티브 브랜드의 사회적 책임은 공정무역, 사회적 약자보호, 동물보호, 환경보호, 기업 윤리의식 등을 포함한다.

신발 브랜드 니솔로Nisolo의 신발들은 주로 페루, 멕시코, 케냐에 있는 자사 공장, 파트너 공장, 개인 장인에 의해 만들어지고 있다. 공장 노동자의 생계 안정을 보장해 주는 공장과 협력 관계를 맺을 뿐만 아니라 장기적으로 생산자들의 삶의 질이 향상되도록 노력하고 있다. 그리고 이러한 노력에 대한 자세한 내용과 결과를 임팩트 리포트Impact Report로 자사의 웹 사이트에 공개하고 있다.

자사 공장에서 일하는 생산자에게 공정무역 기본원칙에서 정한 임금보다 33%나 높은 임금을 지급하고 있으며 이 외 전액 회사 부담의 건강보험과 연간 15일의 유급휴가도 제공한다. 생산자의 금융지식을 높이기 위한 금융교육을 실시하여 현재 생산자 모두 은행 계좌를 가지고 있으며 49%가 정기예금을 하고 있다. 이 외에도 영어 수업과 정신 건강, 의사소통 능력 향상을 위한 수업 등을 제공하여 생산자의 삶의 질이 장기적으로 향상될 수 있도록 프로그램을

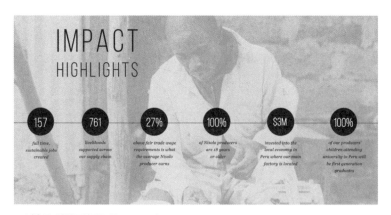

▲ 니솔로 임팩트리포트 (출처: Nisolo)

운영하고 있다. 더불어 파트너 공장이 되기 위해서는 공정무역의 엄격한 기준을 충족해야 한다. 생산자는 18세 이상이어야 하며, 공정무역이 정하는 최저임금 이상의 임금을 지불할 수 있어야 한다. 또한 건강보험을 제공하고 안전한 노동환경의 조건이 구성되어야 한다.

침구류 브랜드인 패러슈트Parachute는 환경보호를 위해 자사의 제품에 유해화학물질이나 합성물질을 사용하지 않고 있다. 또한 침구류 사업자와 밀접하게 관련된 '잠'이라는 분야에서 사회적, 도덕적 책임에 집중하고 있다. 유엔의 'Nothing but nets' 캠페인과 협력하여 침구류 세트가 하나 팔릴 때마다 아프리카의 말라리아 확산 방지를 위한 모기장을 기부하고 있다. 또한 침구류를 구입할 때, Nothing but Nets에 직접 10달러 기부를 할지 선택할 수도 있다.

여성패션 브랜드인 리포메이션Reformation은 지속가능성을 브랜드의 핵심으로 두고 물, 에너지, 폐기물을 최소화하여 제품을 생산하고

▲ 패러슈트 Nothing But Nets 캠페인 (출처: Parachute)

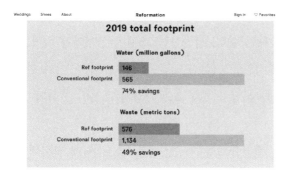

▲ 리포메이션 지속가능성 보고서(출처: Reformation)

있다. 이를 위해 제품 생산 과정에서 배출되는 이산화탄소, 물, 폐기물의 양을 모두 계산하여 환경에 미치는 영향을 '지속가능성 보고서'를 통해 홈페이지에 투명하게 공개하고 있다.

세 번째는 브랜드만의 차별화된 경험을 제공해 주는 것이다. 디지털네이티브 세대가 기존에 사용했던 브랜드를 바꾸는 이유 중에 하나가 기존 브랜드가 자신의 개성과 가치관을 표현해 줄 차별화된 경험을 제공해 주지 못하기 때문이다. 또한 기존에 구매 과정에서 느꼈던 복잡함이나 불편함 때문이다. 디지털네이티브 세대는 단순히 화려하고 이쁘고 색다른 것을 추구하기보다는 남들과 다른 자신만의 개성과 스타일을 충분히 표현해 주기를 바라기 때문에 이러한 고객 니즈를 반영한 체험 요소를 제대로 제공해 주어야 한다. 더불어 제품의 인지, 탐색 비교, 구매, 사후 관리까지 구매 여정의 전 과정에서 끊김없이 일관된 브랜드 경험을 느낄 수 있도록 해야 한다. 디지털네이티브 브랜드는 기존 브랜드와 다른 개인 맞춤, 구매 편의, 배송 방법, 고객 응대 등의 차별화된 경험을 제공한다.

HOW IT
Works
—

SELECT

Select four sample styles from our home try-on collection. Your package will ship via USPS First Class Mail and will arrive within 1-3 business days.

TRY

Try on the rings, take photos and show them off to your friends and family. Whether you find a ring you love or not, there is no obligation to purchase.

RETURN

Using the return label provided, package all four rings and drop off at your nearest USPS office by the 7th day of your trial. Now it's time to shop online and build your dream ring.

▲ 미아도나 홈트라이온 서비스 (출처: Mia Donna)

    지속가능한 다이아몬드 반지를 판매하는 미아도나Mia Donna 는 고객이 마음에 드는 반지를 무료로 체험할 수 있는 홈트라이온Home Try-On 서비스를 제공하고 있다. 고객이 웹 사이트에서 마음에 드는 디자인의 반지를 4개 선택하면 7일간 무료로 체험할 수 있는 샘플링 반지가 배송된다. 이 샘플링 반지는 다이아몬드와 금이 아닌 합금과 큐빅으로 만들어진 모조품이다. 반지 선택에서 중요한 디자인을 직접 손에 끼어 보면서 확인할 수 있게 한 것이다. 고객은 샘플링 반지를 참고로 다이아몬드의 크기와 컷, 선명도, 반지 크기, 소재 등을 선택하여 마음에 드는 반지를 주문하면 된다.

    친환경 신발 브랜드인 올버즈Allbirds 는 신발 포장지에 브랜드 가치를 담아서 배송한다. 신발 포장지는 40% 더 적은 재료를 사용하고 95%의 재생골판지로 만들

▲ 올버즈 배송 포장지 (출처: Allbirds)

었으며 100% 재활용이 가능하다. 또한 올버즈의 신발 배송 상자는 배송의 역할을 마친 후 신발장 대용으로 사용할 수 있도록 배송 상자와 신발 상자를 하나로 묶어 디자인되었다.

반려견을 위한 구독 서비스인 바크박스BarkBox 는 매월 테마를 정해 정기적으로 애견 장난감과 간식을 배송해 준다. 매월 제품을 설명하는 문구를 재미있게 구성하여 배송 박스를 보낸다. 예를 들어 예술을 주제로 한 상자에 'The Academy of Fine Artf'(개 짖는 소리를 표현하는 의성어 'Arf'를 'Art'로 표현)라고 구성하고, 공룡을 주제로 한 상자에는 'Jurassic Park' 대신 'CHEWRASSIC BARK'로 구성하여 보낸다. 이와 함께 예술을 주제로 한 상자에는 한쪽 면을 절단하면 그림 액자를 구성할 수 있는 소품을 함께 보내고, 무도회 주제라면 상자 안에 나비넥타이를 할 수 있는 리본을 제공한다.

남성복 브랜드 보노보스는 최상의 고객 경험을 제공해 주기 위하여 '닌자Ninjas'라 불리는 고객서비스팀을 두고 고객들의 전화, 이메일, 채팅, 소셜미디어 등의 문의에 실시간으로 대응하고 있으며 오

▲ 바크박스 그림 액자 소품 (출처: BarkBox)

The Guideshop Experience

Drop By Anytime

Visit us anytime, walk-ins are always welcome.
Have a date and time in mind? Book an
appointment.

Walk Out Hands-Free

Once you've found your fit, we'll send everything
you choose right to your door.

Bring Your Returns & Exchanges

Have a return or exchange? Bring it! A Guide will
process your return in-store, right on the spot,
and help with any size or fit questions.

▲ 보노보스 가이드숍(출처: Bonobos)

프라인 매장인 가이드숍 Guide Shop 을 통해 자신에 맞는 옷을 구매할
수 있도록 도와주고 있다. 가이드숍은 매장 방문 시간을 온라인으로
신청한 후 시간에 맞춰 오프라인 매장을 방문하면 매장 직원이 방문
시간 동안에는 오로지 방문 손님을 위해 1:1 맞춤형 스타일 제안을
해 준다. 가이드숍에서는 제품을 판매하지 않고 고객이 자신이 원하
는 스타일의 옷을 구매할 수 있도록 사이즈를 재 주고, 스타일을 추
천해 주고, 온라인 구매를 도와주는 역할을 한다.

브랜드 가치를 담은 차별화된 제품 기획

와비파커, 해리스Harry's, 어웨이Away 등 와튼Wharton 비즈니스 스쿨에
서 자신이 가르친 학생들이 창업하여 디지털네이티브 브랜드의 대
가로 알려진 데이비드 벨David Bell 교수는 디지털네이티브 브랜드의

성공 요인을 크게 3가지로 뽑았다. 첫째는 기존 제품/서비스가 해결하지 못하는 문제의 해결을 통해 가치를 제공하고, 둘째는 혁신에 기반해야 하며, 셋째는 고객에게 최상의 여정을 제공해야 한다고 강조했다.[2]

디지털네이티브 브랜드의 제품은 그동안 고객들이 기존 제품을 사용하면서 느꼈던 불편함을 해결하는 데 집중해야 한다. 고객의 불편함을 해결하는 데 있어서 기업 입장이 아닌 고객 입장에서 제품의 소재부터 기능, 활용, 구성 등의 모든 것들을 새롭게 재정의해야 한다. 마약베개, 바디럽퓨어썸 등 디지털네이티브 세대를 대상으로 히트 상품을 출시한 블랭크코퍼레이션은 제품을 기획할 때 아래 7가지 '프로덕트 스코어' 기준을 고려하여 선정한다.

니즈	소비자가 삶에서 어떤 결여점을 갖고 있는지
대중성	소비자가 느끼는 해당 니즈의 크기가 어떠한지
적합성	디지털 판매에 부합하는 제품 및 서비스인지
공감	기획 중인 제품 및 서비스가 잠재 고객의 결핍과 니즈에 얼마만큼 공감하는지
설득력	제품 및 서비스가 잠재 고객의 결핍을 충족시킬 수 있는지
글로벌 기준	글로벌 시장에서도 반응을 끌어낼 수 있을지, 글로벌 디자인 기준에 부합할지
콘텐츠 스코어	제품 및 서비스가 지닌 공감과 솔루션을 어떤 콘텐츠로 만들어 잠재 고객을 설득할 수 있을지

▲ 블랭크코퍼레이션 프로덕트 스코어 구성 기준 (출처: 매일경제[3])

2   〈D2C 사업모델, 해외 수출의 새로운 활로가 될 것인가〉, 매일경제, 2020. 2. 20.
3   〈온라인 시대 유통 새 문법 '미디어커머스' 기획에서 판매까지… 품질 위주로 시장 재편 중〉, 매일경제, 2020. 3. 24.

제품 선정 기준에서 가장 많은 비중을 차지하는 게 고객 입장에서 현재 고객이 느끼는 문제를 발견하는 것이다. 기존 제품이 제공해 주지 못하는 혁신적인 가치를 제공하여 고객의 문제를 해결했을 때 얼마나 많은 공감과 참여를 이끌어 낼 수 있는지를 끊임없이 분석해야 한다. 디지털네이티브 브랜드가 시장에 접근하여 공략하는 방안을 크게 4가지로 나누어 볼 수 있다.

첫째, 니치마켓Niche Market을 공략하는 방안이다. 디지털네이티브 브랜드의 제품은 제품 카테고리의 모든 분야 및 타깃을 대상으로 하지 않는다. 디지털네이티브 버티컬 브랜드로 정의되듯이 시장규모는 작더라도 기존 기업들이 진출하지 않은, 새롭게 부상하는 니치마켓을 발굴하여 대범하면서도 도전적으로 시장을 공략한다. 데임프로덕트Dame Products는 사회적으로 금기시되는 여성용 자위기구를 혁신적인 엔지니어링과 제품 설계로 공략하고 있으며 비어드브

구분	접근 전략	사례
니치마켓 공략	시장규모는 작더라도 기존 기업들이 진출하지 않은, 새롭게 부상하는 니치마켓 발굴	• 여성용 자위기구(데임프로덕트) • 남성용 수염 손질(비어드브랜드)
고객 문제 해결	기존 제품이 가진 불편함이나 불합리함을 제거	• 선택의 어려움(캐스퍼) • 빅사이즈(엘로키)
라이프스타일 반영	기존에 없는 자신만의 개성을 표출하고 색다른 라이프스타일 추구	• 모던 라이프(알로요가) • 우아한 미국 남부 스타일 (드레이퍼제임스)
개인 맞춤형 제공	개개인의 취향, 소재, 사이즈, 디자인 등을 반영한 개인 맞춤형 제품 제공	• 고객 선호도 기반 아동용 옷 정기 배송(로켓오브어썸) • 고객 맞춤형 플랫슈즈(로티스)

▲ 디지털네이티브 브랜드 제품 기획 전략 (출처: 디지털이니셔티브 그룹)

랜드_{Beard Brand}는 남성의 수염 손질, 스타일링 및 유지에 공감하는 사람들의 니즈를 파악한 후 브랜드를 출시하였다.

두 번째, 고객 문제를 해결하는 방안이다. 디지털네이티브 브랜드는 기존 제품이 가진 불편함이나 불합리함을 제거하여 보다 더 나은 고객 가치를 제공해 주기 위해 노력한다. 여행용 가방 브랜드인 어웨이는 바퀴 설계에 공을 들여 여성들이 손쉽게 가방을 끌고 다닐 수 있게 배려하였으며, 매트리스 브랜드인 캐스퍼_{Casper}는 불필요하게 다양한 모델로 인한 선택의 어려움을 해결하기 위하여 단일화된 상품 라인업을 구성하여 선택의 어려움을 해결하였다. 엘로키_{Eloquii}는 몸매가 커서 일반적인 매장에서 자신의 사이즈에 맞는 옷을 선택하는 데 어려움이 많은 빅사이즈 여성을 타깃으로 하고 있으며 서드러브_{Third Love}는 몸매, 연령, 임신 등에 따라 패션에 소외된 다양한 소수를 배려하는 브래지어 디자인을 제공하고 있다.

▲ 엘로키 빅사이즈 제품(출처: Eloquii)

세 번째, 라이프스타일을 반영해 주는 방안이다. 디지털네이티브 브랜드는 기존에 없는 자신만의 개성을 표출하고 색다른 라이프스타일 추구하고 싶어 하는 디지털네이티브 세대의 취향에 맞는 제품들을 제공하고 있다. 요가복 브랜드인 알로요가(AloYoga)는 기능뿐만 아니라 일상생활에서도 편안하면서 모던한 라이프스타일을 추구할 수 있는 디자인으로 요가계의 샤넬이라고 불린다. 영화배우로 잘 알려진 리즈 위더스푼이 창업한 드레이퍼제임스(Draper James)는 우아하면서도 편안한 미국 남부 스타일을 추구하도록 디자인되었으며 키 오스트레일리아(Quay Australia)는 페스티벌 시즌에 야외에서 잘 어울리는 고품질의 스타일리시한 럭셔리 선글라스를 제공해 자신만의 스타일을 추구할 수 있도록 하고 있다.

네 번째, 개인 맞춤형 제품을 제공하는 방안이다. 디지털네이티브 브랜드는 남들과의 차별성과 자기다움을 추구하는 디지털네이티브 세대 개개인의 니즈에 맞는 개인 맞춤형 제품을 제공한다. 개

▲ 알로요가 요가복 (출처: AloYoga)

개인의 취향, 소재, 사이즈, 디자인 등을 반영한, 어디에서도 찾아볼 수 없는 나만의 제품을 소유할 수 있도록 해 준다. 아동용 옷을 정기 배송하는 로켓오브어썸Rocket of Awesome은 고객의 구매 패턴 및 고객 선호도를 기반으로 큐레이션한 제품을 정기 배송하고 있으며, 여성용 구두브랜드 로티스Rothy's는 3D프린팅을 활용하여 6분 만에 편안하고 패셔너블한 고객맞춤형 플랫슈즈를 제작해 준다.

▲ 로티스 플랫슈즈 (출처: Rothy's)

▼ 주요 디지털네이티브 브랜드 제품 특징 및 차별화 요소 (출처: 디지털이니셔티브 그룹)

브랜드	분야	제품 특징 및 차별화 요소
AloYoga	운동복	• 요가 매트에서 하는 운동을 벗어나 'Better, Perfect' 라이프, 퀄리티, 편안함, 모던함, 스타일 추구 • 스위스 기술엔지니어팀이 제작, 조각조각 근육을 따뜻하게 유지하면서 몸을 압축하고 다양한 요가 동작에 대응하며, 항균, 건조에 강하게 설계
Away	여행가방	• 튼튼하고 기능적인 중저가 여행가방 제공, 20만 원대 상품, 제품 종류를 줄이고, 디자인은 단순화해 제품 가격을 억제 • 바퀴 설계에 공을 들여 여성들이 손쉽게 가방을 끌고 다닐 수 있도록 배려 • 스마트폰 등 전자기기 충전 착탈식 배터리팩 가방 내장
Birchbox	화장품	• 신규 제품을 고객들에게 배포하고 샘플링을 통한 고객 경험 강화 및 구매 연계 진행 • 리뷰를 통한 고객 의견 및 데이터 확보를 통해 개인화된 서비스 제공
Bonobos	패션의류	• 초기 편안한 허리를 강조한 바지만 판매, 질 좋고 편안한 바지를 찾는 남성을 공략 • 닌자라는 내부 트레이닝을 통해 제품을 충분히 이해하고 있는 직원들이 상주하는 고객 센터 운영
Casper	매트리스	• 매트리스 구매 과정에서 사용자 경험에 초점을 맞춰 단일화된 상품 라인업 구성으로 선택 어려움 해소 및 유통 마진 없이 합리적 가격 책정 • 매트리스 압축 기술을 적용해 박스로 배송하여 빠른 배송 및 물류비 절감
Draper James	패션의류	• 액세서리, 홈데코 라인까지 미국 남부의 라이프스타일 추구 • 남부장인들과의 파트너를 통한 협력 생산 진행
Eloquii	패션의류	• 플러스사이즈(Plus Size)에 초점을 맞춘 의류 제품 제공
Everlane	패션의류	• 전 세계 공장을 직접 방문하여 좋은 원단을 합리적인 가격으로 제공 • 제조 과정뿐만 아니라 제조 원가 및 생산 가격을 투명하게 공개
Glossier	화장품	• 자신이 지닌 고유의 아름다움에 당당하라는 메시지와 함께 좋은 재료, 감각적인 패키지, 합리적인 가격을 제공
Harry's	면도기	• 멋있는 면도기 디자인, 색다른 면도 경험을 합리적인 가격에 정기 구독 서비스로 제공

Kopari	화장품	· 유해 성분이 없는 100% 유기농 코코넛 오일 화장품 · 동물실험을 거치지 않고 필리핀에 있는 가족농장에서 원료 공급
M.Gemi	구두	· 5개의 이탈리아 공방과 파트너십을 체결하여 고품질의 수제화를 공급받아 합리적인 가격으로 소비자에게 제공
MM.Lafleur	패션의류	· 프로페셔널한 전문직 의류 판매 · 스타일과 실용성뿐만 아니라 정교한 실루엣과 독창적인 디자인
Morphe	메이크업 브러시	· 고품질의 메이크업 브러시를 저렴한 가격에 제공 · 인플루언서와 협력하여 새로운 팔레트라인 및 메이크업브러시 출시
MVMT	시계	· 고품질의 시계를 미니멀한 디자인 스타일로 제작하여 저렴한 가격에 제공
Outdoor Voices	운동복	· 편안하면서 실용적이며 스타일시한 운동복을 추구하여 운동하거나 일상에서 편안하게 입을 수 있는 스타일 제공
Parachute	홈침구	· 오가닉 소재로 편안하면서 고품질의 홈침구 제품 제공 · 제조 가격을 투명하게 공개하고 고객 피드백을 빠르게 제품 생산에 반영
Quay Australia	선글라스	· 페스티벌 시즌에 잘 어울리는 고품질의 스타일리시한 럭셔리 선글라스 제공
Rockets of Awesome	아동용 옷	· 4개의 시즌별로 12벌의 아동용 옷을 고객의 구매 패턴 및 고객 선호도를 기반으로 큐레이션하여 정기 배송
Rothy's	구두	· 3년 동안의 연구를 걸쳐 페트병을 재활용하여 여성용 구두 제작 · 3D프린팅으로 6분 만에 편안하고 패셔너블한 고객맞춤형 플랫슈즈 제작
SAXX Underwear	언더웨어	· 독특한 디자인과 혁신적인 기술을 활용한 활동적인 라이프 스타일의 맞춤 언더웨어 제공
Stance	양말	· 지루한 양말을 벗어나 자신만의 개성을 표출 · Canvas 플랫폼을 활용한 맞춤형 서비스 제공
ThirdLOVE	언더웨어	· 몸매, 연령, 임신 등에 따라 소외돼 온 다양한 소수를 대상으로 브래지어 디자인 · 패션모델 같은 몸매가 아닌 평범한 일반 여성들에 어울리는 브래지어 사이즈 제공

브랜드	품목	차별화 및 핵심 가치
Thomas James L.A.	선글라스	• 기존 하이엔드 선글라스와 차별화된 대담한 색상과 기발한 프레임을 저렴한 가격으로 구매할 수 있는 제품 제공
Warby Parker	안경	• 저렴한 가격에 자신에게 어울리는 디자인의 안경을 구매 • 홈트라이온을 통한 제품 체험 및 손쉬운 반품

3장

제조 및 플랫폼 운영 역량

디지털네이티브 브랜드의 브랜드 전략을 수립하였다면 다음으로 제조 및 플랫폼 관리 역량을 어떻게 확보해야 하는지를 결정해야 한다.

수직계열화된 내외부 제품 생산체계 구축

제품 생산체계는 자체적으로 기획부터 생산까지 수직계열화된 형태로 구축할 수 있으며 내부의 전문인력이나 물리적 인프라 없이도 다양한 외부의 전문가 그룹, 제조공장과의 생태계 구축 및 네트워크 연결을 통해 제조 역량을 갖출 수 있다.

　미디어 커머스 업체인 블랭크는 자체 공장을 가지고 있지 않고 해외공장을 포함하여 역량 있는 국내외 제조공장들을 발굴해 주문자상표부착인 OEM Original Equipment Manufacturing 파트너십을 체결하여 250여 개의 상품을 생산한다.[4] 제조공장을 선정하는 기준은 회사

4 　〈미디어커머스 '블랭크'가 유통·생산·물류를 다루는 방법〉, 바이라인네트워크, 2018. 12. 30.

재무구조, 생산설비 투자규모, 인증받은 설비 등이 있으며 식품 브랜드 같은 경우 식품안전관리인증기준인 HACCP_{Hazard Analysis and Critical Control Points}를 받은 제조공장과만 거래한다.

블랭크는 상품 기획이 끝나면 수요를 예측하여 일반적으로 선발주 후 4~6주 정도의 리드타임을 소요하며 5,000~20,000개 정도의 최소 발주량에 맞춰 생산을 한다. 이러한 상품 출시체계를 기반으로 블랭크는 주마다 평균 1.8개 정도 되는 상품을 출시하고 있다.

수직계열화를 통한 내외부의 생산체계를 갖추게 되면 빠르게 변화하는 고객의 트렌드 및 니즈를 반영하여 제품 생산주기를 단축할 수 있으며 온디맨드 형태의 고객맞춤형의 소량생산도 가능하다. 그러나 생산체계를 갖추는 데 있어서 무엇보다 중요한 것은 기본적으로 일관된 제품 품질과 가격 경쟁력 확보뿐만 아니라 생산 공정의 공정성, 지속가능성, 사회적 책임 등 브랜드가 추구하는 핵심 가치를 해치지 않도록 체계적으로 관리하는 것이다.

기존 업체인 자라, H&M이 신제품을 기획하여 매장에 출시할 때까지 5주 정도의 시간이 걸린다. 그러나 패션 브랜드 추시_{Choosy} 는 디자인 결정 및 배송까지 단 2주 만에 현재 고객의 트렌드 및 니즈를 반영한 옷을 출시한다.[5] 추시는 제품 기획 과정에서 알고리즘을 기반으로 인스타그램의 댓글을 분석하여 "이 옷을 어디에 살수 있나요?" 같은 댓글이 가장 많이 달린 순으로, 즉 가장 많은 사람들이 사고 싶어 하는 옷 사진 순으로 정리하여 만들기 쉬운 것부터 골라

---

5 〈댓글 보고 2주 만에 옷 만들어 판다!〉, 티타임즈, 2018. 11. 8.

▲ 추시의 신제품들(출처: Choosy)

빠르게 제작한다.

　제작은 다양한 옷을 싸고 빠르게 만들 수 있는 200여 개의 중국 섬유공장과의 제휴를 통해 이루어진다. 알고리즘을 분석한 디자인을 공장에 넘기면 3일 안에 샘플이 나오고 이를 홈페이지에 게시해 주문을 받는다. 신제품 기획부터 제품 판매까지 2주가 넘지 않으며 고객 주문을 기반으로 생산에 들어가기 때문에 효과적으로 재고를 관리할 수 있다. 최적화된 생산체계를 기반으로 추시는 1주일에 10개 정도의 제품을 출시하고 있으며 가격은 비싸도 보통 100달러 미만이다.

　풍부한 색상, 독특한 제품 질감, 저렴한 가격으로 인기 있는 메이크업 브랜드 컬러팝ColourPop은 인스타그램의 940만 팬그룹의 피드백을 수집하고 분석하여 빠르게 제품을 기획 및 생산하는 체계를 갖추고 있다. 자체 생산공장을 보유하고 있어 기획부터 제품 출시까지 5일밖에 소요되지 않는다. 패션 브랜드 아메리칸자이언트American Giant

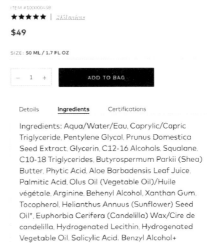

Countermatch Adaptive Moisture
Lotion
ITEM #100000458
★★★★★ | 213 reviews

$49

SIZE: 50 ML / 1.7 FL OZ

— 1 +   ADD TO BAG

Details   **Ingredients**   Certifications

Ingredients: Aqua/Water/Eau, Caprylic/Capric
Triglyceride, Pentylene Glycol, Prunus Domestica
Seed Extract, Glycerin, C12-16 Alcohols, Squalane,
C10-18 Triglycerides, Butyrospermum Parkii (Shea)
Butter, Phytic Acid, Aloe Barbadensis Leaf Juice,
Palmitic Acid, Olus Oil (Vegetable Oil)/Huile
végétale, Arginine, Behenyl Alcohol, Xanthan Gum,
Tocopherol, Helianthus Annuus (Sunflower) Seed
Oil*, Euphorbia Cerifera (Candelilla) Wax/Cire de
candelilla, Hydrogenated Lecithin, Hydrogenated
Vegetable Oil, Salicylic Acid, Benzyl Alcohol+

▲ 뷰티카운터의 제품 성분 공개(출처: Beautycounter)

는 다른 의류 브랜드와 달리 미국 현지에서 생산체계를 갖춰 거의
모든 제품은 노스캐롤라이나와 사우스캐롤라이나에서 생산되며 철
저한 품질 관리를 통해 'Made in America'의 브랜드 가치를 전달
할 수 있도록 하고 있다. 뷰티 브랜드인 뷰티카운터Beautycounter 는 브
랜드의 핵심 가치를 해치지 않도록 생산체계를 체계적으로 관리하
고 있다. 생산공정을 구축함에 있어 무엇보다 생산공정의 공정성과
지속가능성에 중심을 두고 엄격하게 재료를 심사하고 투명하게 성
분을 공개하고 있다. 생산 과정에서 1500가지가 넘는 유해화학물
질을 제거하고 인체에 안전하면서도 기능이 우수한 스킨케어와 화
장품만 생산하고 있다.

플랫폼 기반의 제품 개발 및 운영 역량

디지털네이티브 브랜드는 전통적인 제품 개발 및 판매 프로세스에서 벗어나 기획, 디자인, 생산, 판매, 마케팅, 물류, 운영 관리의 전 과정이 빠르면서 유연하게 이루어질 수 있는 플랫폼 체계를 갖춰야 한다. 트렌드 및 고객 데이터를 수집하여 제품 기획 및 R&D에 반영하고 빠르게 소량의 제품을 출시하여 고객 반응을 기반으로 제품 기능과 디자인을 개선해 최적화할 수 있도록, 린 스타트업Lean Startup 방식의 '기획-테스트-피드백-출시-판매'의 선순환 구조가 이루어질 수 있는 기반을 구축해야 한다.

웹 사이트 또한 단순하게 제품을 판매하는 채널 역할이 아닌 브랜드 커뮤니케이션, 고객 데이터 확보, 제품 판매, 고객 상호작용 등을 효율적으로 수행할 수 있는 플랫폼으로 역할을 정의하고 운영될 수 있도록 해야한다.

패블리틱스Fabletics, 저스트팹JustFab 등의 여성패션 브랜드를 출시한 테크스타일 패션그룹TechStyle Fashion Group은 자체 보유한 패션 플랫폼을 기반으로 고객 트렌드를 반영한 패션 제품을 빠르게 기획-생산-판매-마케팅하고 있다. 자체 솔루션, 데이터사이언스 및 개인화서비스를 통합하여 디자인, 제조 및 물류, 마케팅, 고객 관리, 고객 경험 같은 패션 브랜드 전체 비즈니스 라이프사이클을 재정의하는 플랫폼을 구축하였다. 패션 플랫폼은 e커머스를 구축하고 운영할 수 있는 엔터프라이즈 패션 OSEnterprise Fashion Operating System, 패션브랜드를 구축하기 위한 전문가서비스Expert Service, 브랜드를 기획·출

unified technology platform

- ▦ **Bento** Global Membership E-commerce System
- ▶◀ **Bond** Global Customer Management System
- ▤ **Albert** Enterprise Data Management System
- ⌂ **InHome** Personal Styling & Merchandising System
- ◯ **OmniSuite** OmniChannel Experience System
- ◭ **Evolve** Global Supply Chain & Fulfillment System

▲ 패션 OS 통합 플랫폼(출처: Techstyle Fashion Group)

시·마케팅하는 브랜드 랩Brand Labs으로 구성되어 있다.

엔터프라이즈 OS는 e커머스 시스템, 고객 관리, 데이터 관리, 개인화 및 머천다이징, 옴니채널 운영, 물류 및 배송 관리를 할 수 있는 e커머스 구축 및 운영 관리에 필요한 통합 플랫폼으로 구성되어 있다. 이러한 통합 플랫폼에 기반해 95%의 정확성으로 구매를 예측할 수 있으며 평균 36초 안에 고객 문의에 대응할 수 있는 체계를 갖추고 있다.

전문가서비스는 시장 및 소비자 트렌드를 분석하여 빠르게 시장에 대응할 수 있는 패션 브랜드를 구축하기 위해 머천다이징부터 마케팅 집행까지 전 과정을 자체 조직에서 대응할 수 있도록 수직계열화하여 운영하는 서비스이다. 통합 서비스 형태로 패션 트렌드 분석, 데이터 관리 및 분석, 머천다이징, 상품 소싱 및 공급망 관리, 물류 및 배송 관리, 고객 관리, 크리에이티브 제작, 미디어바잉

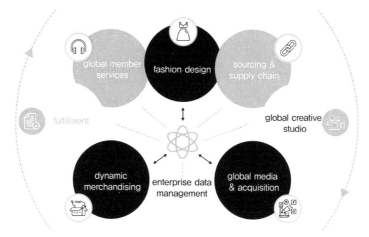

Media Buying 으로 구성되어 있다.

 브랜드 랩은 신규 브랜드 기획을 위하여 패션 OS, 전문가서비스, 회원정보를 활용한 테스트, 출시, 마케팅을 진행하여 브랜드를 육성하는 인큐베이션 역할을 한다. 브랜드 랩을 통하여 고객 기반의 선호도, 관심사, 새로운 트렌드 등을 철저히 분석할 수 있으며, 테스트를 통해 신규 브랜드 출시에 따른 비용을 최소화하고 위험을 감소시킬 수 있다. 더불어 출시 기간을 단축시켜 6개월 이내에 신규 브랜드를 출시하여 빠르게 고객 반응을 체크할 수 있으며, 출시 브랜드가 24~36개월 이내 시장에 안착할 수 있도록 체계적으로 관리한다.

 브랜드 랩의 신규 브랜드 출시 및 육성은 '상상Inspire -창조Create -테스트Test -스케일Scale ' 4단계로 진행된다. 상상 단계에서는 테크스타일 패션그룹이 보유한 400만 규모의 회원 데이터를 기반으로 그

90

CREATIVE &
STORYTELLING
(BRAND)

MEDIA &
ANALYTICS
(AQUISITION)

· Proof of Concept
· Aquisition Modeling
· LTV Cohorts

· Dynamic
Merchandising
· Personalization

· Predictive
Inventory

DESIGN &
MERCHANDISING
(FASHION)

Brand
Framework

Test
Campaigns

SOURCING &
SUPPLY CHAIN
(FULLFILLMENT)

BRAND
LABS

· Trends
· Market
Opportunities

· Campaign
Concepts

· Implicit
Data

· Explicit
Data

Capsule Colletions

▲ 브랜드 랩(출처: Techstyle Fashion Group)

들의 관심을 분석하여 새로운 라이프스타일 브랜드 기회를 탐색한
다. 데이터 분석을 통하여 가능성 있는 아이템은 프로토타입을 제
작하고 스타일, 착용감, 기능에 대한 실제 고객의 피드백을 반영하
여 제품을 추가 개발한다. 창조 단계에서는 고객의 관심 및 시장
가능성이 증명되면 전문가서비스 및 플랫폼을 기반으로 최소 비용
으로 빠르게 새로운 브랜드를 출시한다. 테스트 단계에서는 제품
출시 후 제품 카테고리, 스타일, 브랜드 크리에이티브, 미디어바잉
등의 고객 반응을 테스트하는 디지털 미디어 캠페인을 진행한다.
스케일 단계에서는 고객 데이터와 소비자 행동을 분석하여 지역
확대, 미디어바잉, 제품 개발·개선 등의 성장 계획을 수립해 나간
다. 이러한 브랜드 랩의 신규 브랜드 출시 프로세스를 기반으로 패

블리틱스, 저스트팹, 팹키즈Fabkids, 슈대즐Shoedazzle 같은 브랜드가 탄생하였다.

테크스타일 패션그룹의 CEO인 아담 골든버그Adam Goldenberg는 "전 세계적으로 패션 분야가 e커머스로 이동하면서 디지털브랜드를 먼저 구축하고 새로운 e커머스 마켓플레이스를 활용하는 데 더 좋은 방법이 있어야 한다고 생각하였습니다. 그래서 패션 산업을 완전히 재구성하여 이를 실현하였습니다. 우리는 기술을 단순한 도구로 본 적이 없습니다. 우리는 웹 사이트와 기술을 판매하는 제품의 일부분으로 사용했습니다."라며 패션 브랜드의 기획 및 운영 관리를 위한 플랫폼의 중요성을 강조했다.

4장
마케팅 및 고객 관계 관리

디지털네이티브 브랜드는 중간유통 단계를 거치지 않고 직접 제품을 판매하기 때문에 마케팅 및 고객 관리가 중요하다. 마케팅 전략은 브랜드 인지도 강화, 타깃 고객 확보, 매출 증대, 고객 로열티 창출 등에 중점을 두고 추진한다.

목적	캠페인	주요 방법	성공요소
브랜드 인지도 및 공감 획득	MPR 캠페인	이벤트 진행, 소셜미디어 운영, 브랜디드 콘텐츠, 고객 참여 콘테스트, 인플루언서 활용, 컬래버레이션	관심 유도 및 공유할 만한 창의적인 이벤트 및 콘텐츠
고객 유입 및 확보	광고캠페인	배너, 검색, 소셜미디어 광고, 리타기팅 및 퍼포먼스 광고	타깃 고객 설정, 미디어 믹스, 크리에이티브
고객 전환 및 구매 유도	세일즈프로모션 캠페인	할인, 쿠폰, 마일리지, 1+1	고객의 특성이나 반응에 따라 차등화된 혜택 제공
재방문 및 충성도 강화	CRM 캠페인	맞춤형 정보 및 혜택 제안 고객 참여 및 커뮤니티 형성	고객활동주기, 구매금액에 따라 차등화된 정보와 혜택 제공, 고객 개인화 및 참여 유도

▲ 디지털네이티브 브랜드 마케팅 전략 (출처: 디지털이니셔티브 그룹)

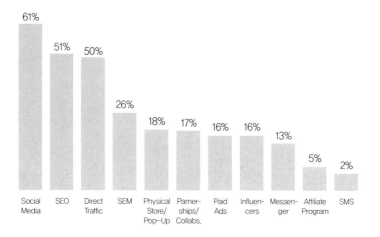

마케팅을 위해 활용하는 채널 중 top 3는 무엇인가요?

- 61% Social Media
- 51% SEO
- 50% Direct Traffic
- 26% SEM
- 18% Physical Store/Pop-Up
- 17% Parner-ships/Collabs.
- 16% Paid Ads
- 16% Influen-cers
- 13% Messen-ger
- 5% Affiliate Program
- 2% SMS

▲ 디지털네이티브 브랜드의 고객 확보 채널(출처: Yotpo)

　디지털네이티브 브랜드는 초기 마케팅에 많은 돈을 투자할 수 없기 때문에 단기간에 저렴한 비용으로 타깃 고객의 노출을 확대하여 바이럴 확산을 유도하고 고객을 확보할 수 있는 소셜미디어 및 인플루언서 마케팅을 적극 활용하고 있다. e커머스 마케팅 플랫폼인 Yotpo가 512명의 디지털네이티브 브랜드 관련 마케팅 담당자를 대상으로 조사한 결과, 고객 확보를 위한 마케팅 채널 중 소셜미디어(61%)를 가장 많이 활용하는 것으로 나타났다.[6]

6　"State of D2C Marketing 2019", Yotpo, 2019. 9.

브랜드 인지도 강화 및 고객 확보

초기 대부분의 디지털네이티브 브랜드들이 소규모 기업으로 인지도가 낮은 브랜드들이다 보니, 무엇보다 기존 브랜드와의 차별성과 고객 가치를 강조하면서 인지도 강화 및 고객 공감을 획득하는 데 중점을 둔다. 고객 관심 및 공감을 불러일으키기 위하여 기존 브랜드와의 차별화된 가치를 재미있고 손쉽게 이해할 수 있는 동영상이나 이벤트 등을 활용하여 바이럴을 유도한다.

면도기 브랜드인 달러쉐이브클럽은 초기 인지도 확보를 위하여 재미있는 바이럴 동영상을 제작하였다. 동영상은 장면마다 준수하고 스마트하게 생긴 창업자인 마이클 두빈Michael Dubin이 제품을 생산하는 공장에서 종이를 뚫고 지나가거나, 테니스 공을 헛스윙 하는 등의 엉뚱한 상황을 연출하면서 즐거움을 선사한다.

▲ 달러쉐이브클럽 바이럴 동영상 (출처: Dollar Shave Club)

엉뚱하지만 영상을 통하여 기존 유명 면도날의 가격에 잔뜩 거품이 껴 있기 때문에 자신들의 서비스를 이용하면 저렴한 비용으로 면도날을 바꿀 수 있다는 이야기를 간결하면서도 직설적으로 전달해 사용자들에게 서비스를 홍보한다. 동영상이 공개되면서 1300만 명이 넘는 사람들이 이 동영상을 조회하였으며 동영상의 인기와 홍보효과로 초기 사이트를 오픈하고 48시간 만에 12,000건의 주문이 들어오는 성과를 얻었다.

매트리스 브랜드 캐스퍼는 사람들에게 기존 제품과 달리 편안하면서도 숙면할 수 있는 매트리스라는 것을 인식시키 위한 재미있는 체험 이벤트를 진행하였다. 여름에는 뉴욕과 같은 대도시 영화관에 매트리스를 설치해, 누워서 편안하게 영화를 볼 수 있는 영화 시사회 행사 '슬립 인 시네마Sleep in Cinema'를 진행하였다. 또한 트럭을 개조해 4개의 침실 공간을 갖춘 '냅모빌Napmobile'을 만들었다. 2016년 가을, 냅모빌은 120일 동안 미국 전역 36개 도시를 돌아다녔다. 캐

▲ 캐스퍼 슬립 인 시네마 이벤트 (출처: Casper)

스퍼에 관심이 있는 소비자들은 이 트럭에 탑승해 도로 위를 달리며 낮잠을 자는 '냅 투어'를 즐겼다.

바이럴 확산을 유도하기 위하여 브랜드 카테고리에서 인지도가 높고 이미 많은 팬을 확보한 셀럽, 전문가, 인스타그램 및 유튜브 크리에이터 등의 인플루언서도 적극 활용한다. 디지털네이티브 세대 대부분이 기존 인플루언서가 전달하는 체험 및 리뷰를 통해 제품을 인지하고 브랜드 신뢰성을 가지고 제품을 구매하기 때문에 초기 인지도 확산 및 고객 확보에 효과적이다. 제일기획의 조사에 따르면 인플루언서를 통해 인지한 후 상품/서비스에 대해 추가정보를 탐색하는 비율은 약 79%, 추가정보 탐색 후 구매한 비율은 약 84%로 매우 높게 나타났다.[7] 이처럼 인플루언서의 제품 소개/추천을 통해 인지한 경우 아주 높은 전환율로 추가 정보 탐색 및 구매로 이어지고 있다.

	인지	탐색	구매
	인플루언서를 통한 상품/서비스 인지 여부	인플루언서를 통한 상품/서비스 인지 후 추가정보 검색 여부	인플루언서를 통한 추가정보 탐색 후 구매 여부
있다	47.3	78.6	83.6
		21.4	16.4
없다	52.7		

▲ 각 단계별 인플루언서 영향력 (출처: 제일기획)

---

7 〈디지털시대 새로운 미디어, 인플루언서〉, 제일기획 블로그, 2019. 5.

요가복 브랜드인 알로요가는 탈리아 수트라Talia Sutra, 애슐리 갈빈 Ashley Galvin, 딜런 베르너Dylan Werner를, 선글라스 브랜드 토마스제임스 LAThomas James LA는 케이트 허드슨Kate Hudson, 켄달 제너Kendall Jenner 등과 같은 셀렙 및 인플루언서 들을 활용해 입소문을 내기 시작하면서 브랜드 인지도를 강화하였다.

식재료 배달 밀키트Meal kit 브랜드인 블루에이프런Blue Apron은 기존 신선식품 및 음식배달 서비스와 블루에이프런의 밀키트 서비스가 어떻게 다른지를 고객들이 손쉽게 이해하고 체험할 수 있도록 러브 타자Love Taza의 나오미Naomi와 같은 인플루언서뿐만 아니라 판네타스 틱 푸드Fannetastic Food의 앤Anne 등과 같은 요리전문 블로거들도 활용 하였다. 블로그에 블루에이프런의 밀키트 재료와 요리 레시피를 활 용하여 유명 레스토랑의 쉐프 요리를 저렴한 비용에 손쉽게 만들어 먹을 수 있다는 장점을 집중적으로 소개하였다.

초기 브랜드 인지도를 강화하고 바이럴을 일으키는 데 셀럽과 인

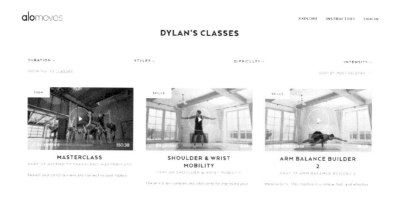

▲ 알로요가 딜런 베르너 클래스 (출처: Alo yoga)

플루언서를 활용한 마케팅이 효과적이지만, 고객의 브랜드 신뢰도
및 공감을 확보하는 차원에서는 자발적인 참여를 유도하여 바이럴
을 확산시킬 수 있는 바이럴루프[8](Viral Loop)를 만들어 주어야 한다.

와비파커는 자신에게 어울리는 안경 디자인을 선택할 수 있도록
홈페이지에서 고객이 선택한 5개의 안경을 착용할 수 있는 '홈트라
이온' 서비스를 제공하고 있다. 홈트라이온 서비스를 안내하면서
자신에게 어울리는 안경을 선택할 때 친구들의 조언을 확인할 수
있도록 인스타그램 및 유튜브에 공유하게 하여 바이럴 확산을 유도
하고 있다.

단기간에 고객을 확보하기 위한 또 다른 바이럴루프 방법은 친구
추천 및 공유 이벤트를 활용하여 가입을 유도하는 것이다.

▲ 해리스 친구 초대 이벤트 (출처: Harry's)

---

8 바이럴루프는 한 명의 소비자가 또 다른 소비자를 불러들여 스스로 네트워크를 만들고 확장해 소셜미
   디어의 트렌드를 만들어 나가는 구조를 말한다.

면도기 브랜드 해리스는 사전 가입 이벤트를 통해 고객을 확보했다. 이후 확보된 고객 기반으로 5명을 초대하면 무료 면도크림, 50명을 초대하면 무료 면도기를 1년 동안 제공하는 친구 초대 및 소셜미디어 공유 이벤트를 진행하였다. 친구 초대 이벤트를 통해 단기간에 6만 5000명을 확보하는 성과를 얻었다.

구매 유도 및 충성도 강화

소셜미디어 및 바이럴마케팅을 통해 확보된 고객의 구매를 유도하기 위해서는 구매전환 및 고객 로열티를 유지하는 게 무엇보다 중요하다. 디지털네이티브 브랜드의 마케팅 전략에서 지속적인 매출을 확보하기 위해서는 고객전환율 Conversion Rate, CVR, 재구매율 Repurchase Rate, RPR, 고객생애가치 Customer Lifetime Value, CLTV를 측정하여 효과적으로 고객을 관리해야 한다.

이를 위해 고객 활동 데이터를 분석하여 성과를 높이기 위한 퍼포먼스 마케팅 Performance Marketing을 집행한다. 퍼포먼스 마케팅은 내외부의 타깃 고객 및 고객 행동을 분석하여 목표 고객을 대상으로 기업이 원하는 성과를 얻기 위해 집행하는 광고 마케팅 기법이다. 퍼포먼스를 강화하기 위하여 페르소나 타기팅 Persona Targeting, 리타기팅 ReTargeting, 유사타기팅 Lookalike Targeting, CRM 타기팅 방법을 활용한다.

페르소나 타기팅은 제품 및 서비스에 관심을 가질 만한 잠재 고객 확보를 위하여 광고를 집행하는 방법이다. 리타기팅은 제품이나 서비스에 관심을 보인 사용자를 중심으로 관심상품을 다시 노출시켜

	Funnel Model	단계별 전략	타기팅	KPI
인지 단계	트래픽 확보	1 가망 고객 유입 ⇒	페르소나 타기팅	획득 (Acquisition)
고려 단계	리드 발굴	2 유입 고객 전환 ⇒	리타기팅	활동 (Activation)
결정 단계	구매 유도	3 구매 고객 확보 ⇒	유사 타기팅	매출 (Revenue)
재방문 단계	재방문 확대	4 충성 고객 확대 ⇒	CRM 타기팅	재방문 (Retention)

▲ 퍼포먼스 단계별 마케팅 진행 및 성과 측정(출처: 디지털이니셔티브 그룹)

제품을 상기시키고 재방문을 유도하여 구매전환을 이끌어 내는 데 활용한다. 유사타기팅은 마케팅 활동으로 웹 사이트 방문, 회원가입, 이벤트 참여, 제품 구매 등을 한 고객과 유사한 관심사 및 성향을 가진 고객들을 대상으로 가망 고객을 확보하는 데 활용한다. CRM 타기팅은 고객의 지속적인 재방문 및 구매를 유도하기 위하여 홈페이지 및 쇼핑몰과 연계하여 맞춤형 상품을 제안하거나 이메일, 소셜 미디어 등을 통하여 개인화된 마케팅 메시지를 전달하는 방식으로 진행된다.

패션 브랜드 젬마월드는 일본시장에 진출하면서 기존 회원을 제외한 일본 여성 중 젬마월드 회원이 될 잠재 고객을 파악하고 구매전환을 유도하는 광고캠페인을 진행하였다. 잠재 고객인 23~28세 일본 여성을 타깃으로 한 페이스북, 인스타그램 회원가입 광고를 집행하여 광고를 본 사람의 76%가 구매로 넘어가, 구매전환율이 증가하는 성과를 달성하였다.[9]

9 〈젬마월드, 더욱 넓은 해외로 뻗어 나갈 젬마월드 캠페인 전략 수립〉, Facebook Business.

▲ 젬마월드와 사뿐 SNS 광고 (출처: Facebook Business)

여성신발 브랜드 사뿐은 인도네시아 시장에 진출하면서 구매 전환 가능성이 높은 잠재 고객 및 사뿐 매장 방문 후 이탈한 잠재 고객들을 대상으로 매출을 높이기 위하여 퍼포먼스 마케팅을 집행하였다. 광고 집행 결과 46%의 구매전환율 상승과 22%의 구매성과 증대효과를 이끌어냈다.[10]

장기적인 관점에서 디지털네이티브 브랜드가 지속적인 고객 관계를 구축하여 충성도를 강화하기 위해서는 고객을 단순하게 상품을 구매하는 '구매자'가 아닌 브랜드를 공감하고 전도하고 열광하는 '팬'으로 만들어야 성공할 수 있다. 고객들이 참여하고 대화하고 공감할 수 있는 소셜미디어 및 커뮤니티를 구축하여 브랜드를 함께 만들어 나갈 수 있어야 한다. 제품 기획에 고객의 의견을 반영하고

---

10 〈사뿐, 페이스북 협력광고로 인도네시아 온라인 매출 확대〉, Facebook Business.

신제품이 출시되었을 때 기존 고객에게 우선권을 부여하여 고객들이 브랜드가 지향하는 사회적 책임 및 지속가능성에 함께 참여할 수 있는 기회를 마련해 줘야 한다.

가구 브랜드 메이드닷컴은 제품 기획 시 고객들이 참여할 수 있는 'The TalentLAB Store'를 운영하고 있다. 크라우드펀딩 모델 방식으로 웹사이트에 가구디자인을 보여주고 고객이 구매하고 싶어 하는 제품디자인에 구매펀딩을 하여 펀딩목표치가 달성되면 주문생산에 들어간다. 펀딩에 참여한 고객에게는 할인된 얼리버드 가격으로 구매할 수 있는 우선권이 부여된다.

여성용 구두브랜드 로티스는 고객들이 자발적으로 커뮤니티를 만들면서 바이럴 및 브랜드 충성도를 강화하고 있다. 로티스는 같은 제품 모델인데도 색상에 따라 사이즈가 달라 고객들이 서로 정

The TalentLAB store

06/ The Emerging Talent Edit

The emerging talent edit. It's exactly what it sounds like. We're putting the focus on designers that are studying, or recently graduated - the best in new talent, right now.

Take a look at their workspaces - where bright ideas come to life

Countries we ship to

Brent Accent Armchair, Aegean Blue	Hase Set Of Two Concrete Planters, Pink & Mustard	Serenity Cushion 45 x 45cm, Charcoal Grey
100% funded	177% funded	120% funded
MADE.COM's full price £299	MADE.COM's full price £39	MADE.COM's full price £20
by Grace Mills	by Dario Costa	by Danielle Smith
Leicester, GB	London, GB	Birmingham, GB

▲ 메이드닷컴 'The TalentLAB Store' (출처: MADE.COM)

보를 주고받으면서 자발적으로 커뮤니티가 형성되었다.[11] 고객들이 정보와 팁을 주고받기 위하여 페이스북에 팬페이지를 만들고 인스타그램에 태그를 붙이면서 소통한 것이다. 신발사이즈에 따라 사이즈별 모임(예: 로티스 큰 사이즈 270mm 이상 등)이 만들어지고 자신만의 개성과 스타일에 맞게 커스터마이징하는 팬페이지도 생겨났다. 로티스는 커뮤니티를 따로 관리하지 않고 커뮤니티의 열성 팬 중에서 콜렉티브 Collective 를 임명하여 새로운 신제품이 나왔을 때 미리 신어 본 후 제품의 디자인 및 느낌을 설명하고 커뮤니티에서 회원들과 질문을 주고받을 수 있는 홍보 대사 역할을 하도록 하였다.

▲ 로티스 중독자들의 페이스북 팬 페이지(출처: Rothy's Addicts)

11 〈팬들이 유니콘으로 키워준 여성구두 스타트업〉, 티타임즈, 2020. 1. 21.

구독 비즈니스는
왜 디지털네이티브
브랜드의 중심이 되었는가?

1장
구독 비즈니스 시대가 다가온다

아침에 일어나 유튜브 프리미엄에서 광고 없는 음악을 들으며 면도날 구독 업체에서 보내준 새 면도날로 면도를 하고 아파트 현관문을 열어 새벽에 배송된 신선한 샐러드와 와이셔츠를 들고 주방으로 가서 가볍게 아침식사를 한다. 그 후 구김 없이 잘 다려진 와이셔츠를 입고 주차장으로 내려가 구독 서비스로 계약한 자동차를 타고 출근길에 나선다. 이처럼 이제 일상생활의 대부분을 구독 서비스로 완벽하게 해결할 수 있다.

구독 서비스 이용자는 스마트폰 앱에서 클릭 몇 번으로 세탁, 다림질, 요리, 생필품 구매 등 귀찮은 집안일과 쇼핑에서 해방될 수 있고, 세탁기, 건조기, 정수기 등 고가의 가전제품을 구매하지 않아도 된다. 현대인들이 편리함을 소비 기준으로 삼으면서 기능적 변화만 있을 뿐, 본질적 혁신이 없었던 영역의 제품들이 하나둘씩 시장에서 퇴출되고, 이들의 빈자리를 디지털 DNA로 무장한 채 정기 구독 서비스를 제공하는 디지털네이티브 브랜드들이 메우고 있다. 이처럼 제품 모델에 의존해 왔던 많은 기업과 조직이 앞으로는 기존의 일회성 구매 모델에서 원하는 제품과 서비스를 정기적으로 구독하는 모델로 전환할 것으로 전망된다.

이제 초기 비용부담이 큰 소유보다는 일정 비용을 지불하고 정해진 기간에 원하는 제품이나 서비스를 구독하는 구독 비즈니스가 떠오르고 있다. 구독 비즈니스 Subscription Business 란 고객이 제품이나 서비스를 이용하기 위해 매월 또는 연간 등 정기적으로 반복적인 가격을 지불하는 비즈니스 활동을 의미한다. 구독 비즈니스는 사실 낯선 개념이 아니다. 이전에는 신문, 잡지, 유틸리티 및 통신 회사 등이 주도해 왔으며 현재는 동영상, 음악, e북, 소프트웨어 등 구독에 익숙한 품목을 넘어서 자동차, 와이셔츠, 병원진료, 커피, 항공권, 꽃, 영화 등 거의 전 업종으로 확대되고 있다. 또한 클라우드 산업의 약진으로 마이크로소프트 오피스365, 어도비 디자인 프로그램 등도 소프트웨어를 구매한 후 PC에 설치해 사용하는 것이 아니라 정해진 기간 동안 소프트웨어를 구독하여 사용하는 구독 서비스가 대세가 되었다.

왜 구독 비즈니스가 주목받고 있나?

이처럼 구독 비즈니스가 급성장한 첫 번째 이유는 고객의 소비 형태가 변화했기 때문이다. 고객들은 제품을 소유하는 것보다 새로운 사용자 경험과 의사소통 방식을 선호한다. 일반 소비자는 구독 서비스를 통해 큰 지출 없이 양질의 서비스를 이용할 수 있고, 반복적이고 귀찮은 구매 패턴에서 벗어나 원하는 제품과 서비스를 안정적으로 이용할 수 있다. 기업도 구독 서비스를 통해 고정 고객을 유치할 수 있어 안정적인 현금흐름ₐₐₛₕ_flow을 확보할 수 있다. 두 번째 이유는 디지털 기술의 발전으로 인한 맞춤 서비스의 고도화이다. 최근의 구독 비즈니스 모델은 정해진 시기에 자동으로 배송해 주는 원래의 구독 개념을 넘어 개인화된 서비스라는 의미를 내포한다. 넷플릭스와 스포티파이처럼 인공지능, 빅데이터 등 디지털 기술을 활용하여 고객에 대한 철저한 분석을 통해 고객의 취향에 따른 맞춤형 서비스가 구독 비즈니스 모델의 핵심 역량으로 떠오르고 있다.[1]

구독 비즈니스의 주요 특징

1. **안정적인 수익**
   - 소니는 게임 구독 서비스 'PS PLUS'로 2014년 이후 매출과 이익 모두 증가하는 추세(회원 수 3880만 명/2020년 1월 기준)
   - 뉴욕타임스 디지털 구독 서비스를 이용하는 유료 회원 수는 2020년 8월 기준 650만 명을 기록

2. **가격 결정의 유연성**
   - 넷플릭스, 아마존 플러스는 고객의 반응을 살피면서 금액을 조정하여 고객 반응에 따라 다양한 가격대의 서비스 제공

3. **고객 데이터 기반의 확장성**
   - 쿠팡은 기존 고객을 대상으로 멤버십 프로그램인 '로켓쿠팡 와우클럽' 론칭

"구독 서비스를 한 번도 이용하지 않는 사람은 있어도 한 번만 사용한 사람은 없다"고 할 정도로 구독 서비스는 전 세계적으로 큰 인기를 모으고 있다. 미국의 뉴스 웹 사이트인 더버지The Verge는 "일단

---

[1]   Morten Suhr Hansen, "How to build a Subscription Business", Bookboon, 2014.

한 번 구독해서 필요한 것을 접하기 시작하면 정말로 다시 소유하던 때로 돌아가기 어렵다. 사람들은 소유하는 것에 대해 책임감을 원하지 않는다. 오히려 유연하게 소유하고 부담감을 덜고 싶어 하는 것이 인간의 습관이다. 더욱이 구독할수록 서비스는 향상되기 때문에 결국 소유자는 점차 줄어들 수밖에 없다"라고 구독 서비스의 매력을 설명한다.

전 세계에서 구독 서비스를 제공하는 기업 수는 약 2만 8000개에 달하고 있으며, 그중 3100개사는 북유럽에 위치하고 있다.[2] 클라우드 기반의 구독 관리 솔루션을 제공하는 주오라Zuora는 매년 구독 비즈니스 시장규모를 발표하고 있는데 2019년 10월 기준으로 지난 7년간 구독 비즈니스 시장규모는 350% 성장했으며 구독 비즈니스 모델을 도입한 기업의 매출액은 연평균 18% 성장한 것으로 나타났다. 또한 2017년에 미국에서만 1100만 명이 넘는 구독자를 유치했으며 고객의 다양한 취향을 고려한 2000개 이상의 B2C 중

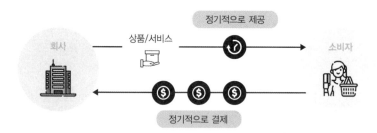

▲구독 비즈니스 모델 플로우 (출처: bmtoolbox.net)

---

2 Michał Jędraszak, "Subscription Business Handbook: An Executive's Guide to the Subscription Market", Straal, 2019.

심 구독 서비스가 운영 중이다.[3]

네덜란드 에라스무스대학교 반 레트의 연구에 따르면 기업들이 구독 비즈니스 모델을 선택하는 이유는 크게 4가지로 요약할 수 있다.[4]

기업들이 구독 비즈니스 모델을 선택하는 이유

1. **현금흐름**: 구독 서비스를 이용하는 고객이 제품이나 서비스를 이용하기 전 미리 비용을 지불하기 때문에 안정적인 현금흐름을 확보할 수 있다.

2. **고객 충성도**: 구독 서비스는 일정한 구독 기간이 지나면 자동으로 갱신되기 때문에 제품이나 서비스에 대한 고객 로열티를 확보할 수 있다.

3. **차별화**: 기업은 구독 서비스를 통해 고객에게 일회성 구매에 비해 차별화된 제품이나 서비스를 제공함으로써 버티컬 사업 영역에서 차별화를 시도할 수 있다.

4. **효율성**: 구독 서비스를 제공하는 기업은 다음 달, 또는 다음 연도에 얼마나 많은 고객이 제품이나 서비스를 구매하는지 예측할 수 있기 때문에 재고 관리나 물류, 배송에 있어 계획적인 운영을 할 수 있다.

뉴욕대학교 경영대학원 바루크 레브Baruch Lev 교수는 "매 분기마다 통신사나 보험사를 바꾸는 고객은 없다. 구독 모델 가입자들은 너무 바쁘거나 아니면 게을러서 이러한 행동을 하지 않는다. 한 번 구독한 모델이 마음에 들거나 특별한 이유가 없다면 계속 구독 서비스를 이용할 확률이 높을 것이고 공급자는 매월 현금이 쌓이는 안

---

3   Amy Konary, "Subscription Business Maturity Model", Subscribed Institute, 2019.

4   T. P. Van Letht, "Typologies of Subscription-based Business Models", Rotterdam School of Management, Erasmus University, 2016.

정적인 현금흐름을 유지할 수 있다"라고 말했다.

구독 서비스가 인기 있는 이유는 사회 전반적으로 라이프사이클이 빨라지면서 익숙한 것에 쉽게 싫증을 내는 소비자들이 저렴한 비용으로 다양한 제품이나 서비스를 경험해 보고 싶은 욕구가 커졌기 때문이다. 새로운 트렌드에 발맞춰 다양한 구독 서비스를 제공하는 업체 역시 늘어나고 있다. 특히 빈지 워칭Binge-Watching이란 신조어를 탄생시킨 넷플릭스의 급성장이 구독 비즈니스에 대한 관심을 증폭시켰다. 빈지 워칭은 드라마, 영화, 예능 등 영상 콘텐츠를 (주말이나 휴가 때) 한 번에 몰아서 시청하는 콘텐츠 소비 방식을 의미한다. 젊은 직장인들이 여름 휴가 때 도심 내 일급 호텔을 예약해서 밖으로 나가지 않고 호텔방의 푹신한 침대에 누워 평소에 보고 싶었던 넷플릭스 시리즈를 몰아서 시청하는 형태는 이제는 자연스러운 현상이 되었다.

이처럼 시청자들의 콘텐츠 소비 방식이 빈지 워칭에 가까워질수록 구독 비즈니스에 대한 관심은 증가될 수밖에 없다. 구독 서비스가 인기를 얻자 많은 기업들이 자사의 핵심 비즈니스 모델로 구독 비즈니스 모델을 채택하였다. 애플은 2019년 3월 26일 '애플 아케이드'를 발표하면서 기존에 돈을 내고 앱을 구매하거나 무료로 다운로드 받은 후에 앱 내에서 콘텐츠나 아이템을 구매하는 인앱 구매In App Purchase, IAP 방식에서 월 일정액을 내는 구독 기반 비즈니스 모델로 전환한다고 발표하였다. 애플 아케이드는 월 4.99달러, 연간 49.99달러 요금제 중 하나를 선택할 수 있으며 월 구독료를 지불하면 인앱 구매와 광고 없이 게임을 즐길 수 있다. 국내에서는 애플

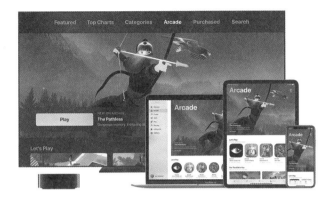

▲ 애플이 발표한 구독형 게임 서비스, '애플 아케이드'(출처: 애플 홈페이지)

아케이드를 월 6,500원에 최대 6명까지 이용할 수 있다.

국내에서도 구독 서비스에 대한 관심이 높다. 이를 알아보기 위해 한국언론진흥재단에서 운영하는 뉴스 빅데이터 분석 서비스인 빅카인즈를 통해 '구독 서비스'를 키워드로 2015년 1월부터 2020년 1월까지 5년간의 기사를 검색한 결과 54개 언론사에서 작성한 총 2만 5910건의 기사가 검색되었다. 이를 의미적 유사도가 높은 키워드 순으로 정리해 보면 1위가 자동차, 2위가 가격, 3위가 넷플릭스로 나타났다. 이를 통해 국내에서는 다양한 차를 골라서 탈 수 있는 자동차 구독 서비스와 수많은 영화와 드라마를 시청할 수 있는 넷플릭스와 같은 온라인 콘텐츠 구독 서비스에 관심이 가장 많다는 것을 알 수 있다.

또한 구독 서비스에 대한 일반 소비자들의 관심이 구독 서비스가 제공하는 차별화된 가치와 함께 일정한 금액으로 무제한 서비스를

	서비스	가격			
의류/패션	Blacksocks	$10~$20	맞춤화	맞춤화	불가능
	Stitch Fix	$275/박스 (성인)	맞춤화	5개	가능
	JustFab	월 $39.95	맞춤화	맞춤화	가능
	Sprezzabox	$25/박스	월간	5~6개	불가능
식료품	Amazon Subscribe & Save	물품별 가격 상이	맞춤화	맞춤화	불가능
	Hello Fresh	$50~$100/박스	주간	맞춤화	불가능
	Thrive Market	연간 $59.95	맞춤화	맞춤화	불가능
	Try the World	$19/박스 $39/박스	월간	5~10가지 품목	불가능
뷰티/데코	Dollar Shave Club	$25/박스	맞춤화	2개	불가능
	Birchbox	$10	월간	5개	불가능
	Sephora Play!	$10	월간	5개	불가능
	Crystal Society	$49	연간	1개 이상	불가능
	Glossybox	$20	월간	5개	불가능

▲ 해외 리테일 분야 주요 구독 비즈니스 모델(출처: Severin Friedrich Bischof et al., 2019[5])

이용할 수 있는 가격에 초점이 맞춰져 있다는 사실도 확인할 수 있다. 이러한 사실을 통해 아직까지 국내 구독 서비스 시장이 자동차와 영상 콘텐츠 중심으로 성장하고 있어 뷰티, 의류, 생활용품, 패션 등 리테일 분야에서 실생활에 필요한 제품과 서비스를 구독하는 서비스가 더 크게 성장할 수 있는 가능성이 있다고 추론할 수 있다.

---

5 Severin Friedrich Bischof, Tim M. Boettger, and Thomas Rudolph, "Curated Subscription Commerce A Theoretical Conceptualization", *Journal of Retailing and Consumer Services*, 2019. 5.

제품 모델 vs 구독 모델

모바일, IoT, 인공지능, 빅데이터 등 디지털 기술의 발전으로 자동화, 지능화가 가속화되면서 기업 경영, 고객 관리, 비즈니스 모델, 운영 프로세스 등 기업 운영 전반에서 기존 방식과 다른 새로운 접근 방식과 시도가 요구되고 있다. 전통 기업에서도 제조와 생산뿐 아니라 소비 패턴의 변화를 사전에 포착하고 신속하게 대응하는 고객 중심의 사고방식이 중요해졌으며, 제품 수명주기의 단축으로 신제품과 서비스에 대한 조기 시장화와 함께 시장 선점 전략과 출구 전략이 동시에 필요하게 되었다. 구독 모델의 반대말은 제품 모델이라고 할 수 있다.

전통적인 20세기 비즈니스 모델에서 회사는 히트 상품을 만들어 가능한 한 많은 채널을 통해 판매하는 것을 목표로 했다. 이러한 제품은 주로 익명의 고객이 일회성으로 소비했는데 제품 구입 시 많

상품 소비	1회 구입	지속적 구입
비용 소모	초기 단계에 많은 비용 소모	소액의 비용을 지속적으로 소모
소비자 지원	일반 제품의 경우 통상 제품판매 시점에서 1년간 지원	가치 확대를 위한 지속적인 지원
제품/서비스 업데이트	장기간	수시 업데이트 및 개선

▲ 제품 모델과 구독 모델의 차이점(출처: Himanshu Varshney, 2018[6])

---

6   Himanshu Varshney, "Subscription Economy – A new way to sell", 2018. 11.

은 비용이 필요하고 업데이트 주기도 길었다. 반면 구독 모델 시대에는 제품이나 서비스 사용에 있어 초기 비용이 적게 들고 업데이트 주기도 빠르기 때문에 트렌드에 민감한 소비자들에게 인기를 얻고 있다. 지난 100여 년 동안 소비자들은 기업 중심의 제품 모델 기반에서 살아왔지만 이제 '고객의 시대'라는 새로운 패러다임의 전환시기를 맞이하고 있다. 구독 모델을 중심으로 한 가입 경험이 정적 서비스 또는 단일 제품보다 소비자의 요구를 더 잘 충족시키기 때문에 점점 더 많은 고객이 구독 서비스에 가입하고 있다.

또한 구독 모델은 멤버십과 밀접하게 연결되어 있지만 기본적으로는 제공 가치가 다른 개념이다. 우리가 코스트코에서 물건을 사기 위해서는 코스트코 멤버십에 가입해야 한다. 이것을 코스트코 구독 서비스에 가입했다고 하지는 않는다. 코스트코 연회원 또는 멤버십에 가입했다고 말한다. 헬스클럽이나 골프클럽 멤버십도 마찬가지 개념이다. 이처럼 멤버십이란 소속 또는 관계의 개념으로 주로 오프라인에서의 활동을 위해 특정 그룹이나 조직에 비용을 지불하고 해당 집단의 일원이 되는 것을 말한다. 그룹이나 조직의 일원이 되면 할인, 타 회원 간의 유대관계 형성 등의 혜택을 누릴 수 있다. 물론 헬스클럽, 골프클럽, 호텔 등에서 제공하는 멤버십도 온라인 채널을 통해 가입할 수 있고 정기적으로 비용을 내야 하기 때문에 구독 서비스와 혼동할 수는 있지만 기본적으로 제공하는 가치가 소속과 관계의 개념이라는 점에서 차이가 발생한다.

반면 구독 서비스는 일종의 파이낸셜 개념으로 돈을 지불하고 소속에 대한 혜택을 받기보다는 월별, 분기별, 연간 등 정해진 기간 내에 해당 제품이나 서비스에 접근할 수 있음을 의미한다. 또한 구독 서비스는 주로 제품 자체가 아닌 제품과 결합된 서비스에 비용을 지불하는 것이다 보니 약정 기간이 길지 않거나, 소비자가 원하면 자유롭게 스마트폰 앱을 통해 월 단위로 구독하고, 마음에 들지 않을 경우 언제든지 구독을 해지할 수 있다는 부가적인 특징이 있다.

주오라의 티엔 추오Tien Tzuo 대표는 이렇게 말했다. "이제 소유의 시대가 아닌 본격적인 사용의 시대가 도래했다. 사용의 시대란 당신이 원하는 것이면 무엇이든, 당신이 원하는 시간에 소유하지 않고 접근할 수 있는 시대를 뜻한다. 우리가 원할 때 원하는 만큼 전기와 통신 서비스를 이용하는 것처럼 이제 소프트웨어 등 IT 분야에서도 구독하는 모델이 나타나고 있다. CD와 서버를 직접 구입하지 않고 원하는 곡을 필요할 때 찾아 듣거나 필요한 컴퓨터 용량만큼 돈을 지불하고 쓴다. 나아가 우리는 새 차를 사는 대신 우버나 리프트를 사용한다. 구매하지 않고 사용만 한다. 사용할 수 있다는 것usership은 구독 모델의 중추이자 성장 동력이다."

버치박스 구독 서비스

박스 구독 서비스의 원조인 미국의 버치박스BirchBox는 구독 회원에게 유명 브랜드 화장품의 샘플을 멋진 박스에 담아 배달해 주는 서비스로 유명하다. 여성들은 민감한 피부 때문에 미리 샘플 화장품을 써 보고 피부 트러블 등 문제가 없다면 정품을 구입하는 경우가 많기 때문에 버치박스는 유명 화장품 브랜드 샘플을 제공하고 고객이 마음에 들면 정품을 구매하는 'Try-Learn-Buy' 서비스를 지향한다. 버치박스의 구독 비용은 월 회원은 15달러, 반기 회원은 월 14달러, 연간 회원은 월 13달러로 유료 회원이 되면 굳이 오프라인 리테일숍을 방문하지 않아도 매달 전문 MD가 선정한 컨셉에 맞는 4~5개의 최신 화장품 샘플을 받을 수 있다. 여기에는 아베다, 시세이도 등 유명 뷰티 브랜드들이 참여하고 있다.

버치박스가 제공하는 게임의 법칙은 로열티 프로그램이다. 추천한 지인이 회원으로 가입하면 추천인에게 10달러 상당의 가치를 가진 100포인트가 지급되며 샘플을 사용해 보고 마음에 들어 정품을 구입하면 구입가의 10%가 다시 포인트로 적립된다. 10달러 제품을 구입하면 1포인트를 얻게 되는데 여기서 1포인트는 1달러의 가치에 해당하고 이렇게 적립한 포인트는 온라인숍에서 정품을 구입할 때 사용할 수 있다. 또한 연간 300달러를 구매하면 버치박스 에이스 회원으로 승격되는데 에이스 회원은 무료 배송, 포인트 추가 적립 등 다양한 혜택을 받을 수 있다. 구독 결제, 상점 주문 및 선물 구독에 사용한 금액은 모두 자격에 반영된다.

The Monthly Box

Your subscription includes a monthly box delivery of beauty samples—all curated just for you based on your Beauty Profile.

November

December

January

Peek Inside

Each month, your personalized beauty box subscription will include all types of products (from haircare to skincare to makeup), and we'll include information on why they're great and how to use them.

▲ 뷰티 박스 정기구독 서비스, 버치박스(출처: Birchbox)

소유의 시대가 아닌 사용의 시대 도래

전통적인 방식의 비즈니스에서는 기업이 제품을 제작하고 이를 오프라인과 온라인 채널을 통해 누구인지도 모르는 고객에게 판매하는 단편적인 관계였다면, 구독 비즈니스 시대의 비즈니스 모델은 구독자를 중심으로 제품과 서비스, 채널 등을 통해 구독자가 무엇을 좋아하고 싫어하는지 이해하고 이에 맞춰 각 고객에게 맞는 제품이나 서비스를 추천해 준다.[7]

과거 기업들이 제품을 출시하고 최대한 많은 유통 채널을 통해 다수의 사람들에게 일괄적으로 제품을 판매하던 시대에서 다양한

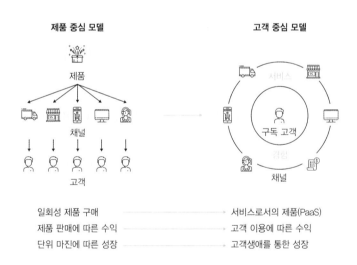

▲ 제품 중심 모델 vs 고객 중심 모델(출처: Zuora)

7 Andris A. Zoltners, PK Sinha, and Sally E. Lorimer, "What Subscription Business Models Mean for Sales Teams", Harvard Business Review, 2018. 6.

채널을 통해 고객의 니즈를 충족시키는 고객 경험 중심 시대로 바뀐 것이다. 또한 구독 비즈니스 시대에는 제품이나 서비스도 수시로 업데이트되면서 구독자의 불편한 사항을 지속적으로 개선하기 위해 노력하고 있다. 고객 입장에서도 주문을 언제 갱신해야 하는지 기억할 필요가 없으므로 보장 범위가 계속 유지되고 월별 지불 금액을 사전에 예측할 수 있기 때문에 더 정확하게 예산을 책정할 수 있다.

주오라에 따르면 오늘날 구독 서비스를 제공하는 기업들은 S&P 500 기업보다 9배 이상 빠른 성장세를 보이고 있다. 지난 7년간 구독 모델을 선보인 기업은 평균 300% 이상 성장하였다.[8] 이제 소비자들은 이동(Uber, Surf Air), 의류 및 잡화(Stitch Fix, Eleven James), 면도 및 메이크업(Dollar Shave Club, Birchbox) 등 거의 모든 분야에서 제품을 소유하는 대신 구독 서비스를 이용하고 있다. 구독 비즈니스 모델이 인기를 얻자 전통 기업들의 M&A도 활발해지고 있다. 유니레버는 2016년 면도날 구독 서비스 업체인 달러쉐이브클럽을 10억 달러에 인수했고 식료품 체인인 앨버트슨스Albertsons는 2017년 밀키트 구독 서비스 업체인 플레이티드Plated를 인수하였다.

미국 IT기업 리서치 기업인 가트너는 "2020년까지 소프트웨어 공급 업체의 80% 이상이 구독 비즈니스 모델로 전환하고 세계적인 대기업의 절반 이상이 디지털 방식으로 개선된 제품과 서비스, 경험에 의존하게 될 것이다"라고 전망한다. ING가 2018년 11,000명

---

8 Amy Konary, "Subscription Business Maturity Model", Subscribed Institute, 2019.

을 대상으로 설문조사한 결과 유럽 가구는 구독 서비스에 월평균 130유로를 지출하는 것으로 나타났다. 이를 28개 유럽연합 국가에 적용하면 유럽의 구독 비즈니스 규모는 약 350억 유로로 추정되는데, 이는 전체 유럽 가구 소비의 약 5%에 해당하는 수치이다. 구독 비즈니스는 기술 개발, 소비자 선호 변화, 제품 설계에 대한 유리한 규제 및 현재 저금리 환경으로 인해 더욱 성장할 것으로 예상되며 향후 구독을 고려하는 모든 사람이 전환을 한다면 구독 서비스 지출 금액은 연간 1900억 유로로 증가할 전망이다.[9] 일본의 야노경제연구소는 일본의 구독 비즈니스 시장규모가 2018년 5627억 엔에서 2023년에는 8623억 엔 규모로 성장할 것으로 전망하고 있다.

▲ 구독 이커머스 제공 업체 현황(출처: CBINSIGHTS)

---

9   Marieke Blom and Ferdinand Nijboer, "Now that we subscribe to music, are tools and toiletries next?", ING Economics Department, 2018.

구독 비즈니스 모델을 도입한 전통 기업 사례

일회성 판매에 익숙하던 기존 전통 기업들도 구독 비즈니스 모델을 도입하여 고객과의 진화된 관계를 형성하기 위해 노력하고 있다. 전통 기업이 구독 비즈니스 모델을 도입해 성공한 사례로 70년 넘게 기타를 만들어 온 펜더 Fender 를 들 수 있다. 펜더는 기타 판매량이 급감하자 '펜더 플레이 Fender Play '라는 구독 기반의 온라인 기타 교육 서비스를 시작했다. 펜더 매출의 절반은 아마추어 기타 연주자로부터 나오는데 그들 중 90%는 1년 안에 기타 연주를 그만둔다는 점에 착안해 기타 교습 온라인 플랫폼을 창안한 것이다. 여기에서는 프로 연주자들의 교습 비디오와 연주 레벨별 기타 스킬 등의 콘텐

▲ 아마추어 기타 연주자를 위한 구독 서비스, '펜더 플레이'(출처: Fender Play)

츠를 제공한다. 월간 구독금액은 9.99달러이며 연간 구독금액은 89.99달러이다.

펜더 플레이를 통해 펜더는 기타를 판매하는 회사에서 기타 연주를 좋아하는 일반인들이 기타를 잘 연주할 수 있도록 교육시켜 주는 회사로 변모했다. 펜더 플레이는 1300만 건의 코스를 제공하며 별 4개 이상의 리뷰가 2만 3000건 정도 달려 있다.

아우디는 'Audi Select'로 알려진 구독 서비스를 오픈했는데 이용자는 월 1395달러만 내면 고급 A4 세단에서부터 대형 SUV 또는 S5 쿠페에 이르기까지 여러 아우디 차량을 마음대로 이용할 수 있다. 물론 가입비에는 보험, 유지 보수비, 사고 시의 견인 비용이 포함돼 있다.

▲ 아우디 차량 구독 서비스, 'Audi Select'(출처: Audi)

일본의 자동차 제조사인 혼다는 2020년 1월 28일, 신차가 아닌 중고차를 월 단위로 구독하는 '혼다 먼슬리 오너Honda Monthly Owner' 서비스를 시작했다. 홈페이지를 통해 신청을 하면 1개월 단위로 회사가 보유 중인 혼다 중고차를 빌려주는 방식으로, N-박스, 피트 하이브리드 서브컴팩트, 프리드 하이브리드 미니밴, 베젤 하이브리드 SUV 등 5가지 차종을 선택할 수 있다. 가장 저렴한 N-박스 미니비클의 월 구독료는 2만 9800엔으로 우리 돈으로 약 33만 원 정도이고 가장 비싼 프리드 하이브리드 2017년식과 베젤 하이브리드 2018년식은 월 5만 9800엔이다. 혼다 측은 일반 렌터카 서비스보다는 가격이 저렴하고, 일반 렌탈보다 오랫동안 차가 필요한 소비자를 겨냥해 구독 서비스를 출시했다고 밝혔다.

세계적인 명차 포르쉐는 2017년 10월, 구독 서비스인 '포르쉐 패스포트Porsche Passport'를 출시했었다. 월 2000달러를 내면 718 박스터, 카이멘 S, 마칸 S, 카이엔 등 포르쉐의 4개 차종을 이용할 수 있었고, 월 3000달러를 지불하면 포르쉐 911 카레라, 파나메라 4S

▲ 혼다 중고차 구독 서비스, '혼다 먼슬리 오너' (출처: Honda)

▲ 포르쉐 차량구독 서비스, '포르쉐 패스포트'(출처: Porsche)

스포츠 세단 등 22개의 포르쉐 모델을 이용할 수 있었다.

2018년 12월 론칭한 제네시스 스펙트럼은 월 149만원(부가세 포함)의 구독료를 내면 G70, G80, G80 스포츠 3개 모델 중에서 매월 최대 2회씩 바꿔 탈 수 있는 구독 서비스를 제공했다. 구독 회원이 이용할 수 있는 제네시스 모델은 'G70 3.3T 스포츠 슈프림(2018년형)'과 'G80 3.3 프리미엄 럭셔리(2018년형)', 'G80 스포츠 3.3T 프리미엄 럭셔리(2019년형)', 'G90 3.8 프리미엄 럭셔리'로 모두 누적 주행거리가 1만㎞ 미만의 모델이었다. 제네시스 스펙트럼 월 구독료에는 각종 세금과 보험료, 기본 정비료가 포함돼 있어 이용하는 동안 추가로 별도의 비용이 들지 않고 월 단위 계약이라 부담 없이 가입할 수 있으며 주행거리 제한도 없었다. 또한 가입에서부터 차량선택과 교체, 결제와 해지 등 모든 과정을 모바일 앱에서 진행할 수 있었다. 또 고객이 차량을 쉽고 간편하게 교체할 수 있도록

▲ 제네시스 차량구독 서비스, '제네시스 스펙트럼' (출처: 제네시스)

서울 전 지역에서 고객이 원하는 시간과 장소로 전담 배송기사가 직접 찾아가 차량을 회수 및 배달_{Pick-up & Delivery} 해 주는 서비스도 제공했다.

이처럼 구독 비즈니스 모델은 자동차 제조사에도 안정적인 현금 흐름을 가져다준다는 점에서 매력적이다. 또한 계약을 갱신하는 고객을 매월 트래킹할 수 있기 때문에 고객들이 어떤 차량을 선호하는지, 어떤 서비스를 원하는지를 빠르게 캐치하고 이를 서비스에 반영할 수 있다. 기존에는 차를 고객에게 팔고 나면 고객들과 몇 년 간 커뮤니케이션이 단절됐지만 구독 서비스는 항상 고객과 커뮤니케이션할 수 있고 고객을 관리할 수 있는 기회를 제공한다.

음원 서비스 업계에서도 음원을 소유하는 방식에서 구독하는 방식으로 전환되었다. 예를 들어 과거 음악을 CD로 듣던 시절에 마음에 드는 1~2곡을 듣기 위해서 2~3만원 주고 CD를 사는 방식은 애플의 '아이팟+아이튠즈' 모델이 나오면서 원하는 곡만 다운로드 받아서 듣는 방식으로 진화되었고, 이후 스포티파이와 같은 오디오 스트리밍 서비스가 나오면서 이제는 월 1만원가량만 지불하면 수십만 곡을 언제든지 들을 수 있게 됐다. 일반인들이 음악을 소비하는 방식과 경험이 불과 10년 만에 소유에서 구독으로 완전히 넘어간 것이다.

보수적인 금융 업계에서도 구독 비즈니스 모델에 주목하고 있다. 미국의 온라인 증권사 찰스슈왑은 2019년 4월부터 인공지능이 개인의 자산관리를 대신해 주는 로보 어드바이저 서비스를 구독 비즈니스 모델로 제공하고 있다. 가입비 300달러와 월 이용금액 30달러를 지불하면 투자 전문가로부터 정기적인 상담을 받을 수 있다.

세계 최대 뷰티 소매 체인점인 세포라는 뷰티 샘플 제품을 박스에 담아 정기 배송하는 세포라 플레이라는 뷰티 서브스크립션 박스 서비스를 시작하였다. 이는 최초로 뷰티 서브스크립션 박스 서비스를 론칭한 버치박스를 의식한 것으로 월 10달러를 내면 세

▲ 찰스슈왑에서 제공하는 정기구독 형태의 투자 자문 서비스 (출처: www.schwab.com)

포라의 가장 인기 있는 브랜드로부터 최대 65달러 상당의 헤어 케어, 뷰티 및 스킨 케어 샘플 6개를 매달 받을 수 있다. 상자에는 메이크업, 스킨 케어 및 헤어 케어 제품이 혼합되어 있으며 나스NARS, 타르트Tarte, 누드스틱스NudeStix, 랑콤Lancôme, 트레스티크rèStiQue 등 인기 브랜드 제품이 대부분이다.

세포라 플레이는 소매 업체의 베스트셀러 메이크업 제품을 시험해 볼 수 있는 기회를 제공하며 세포라의 뷰티 인사이더 리워드 프로그램과 직접 연결되어 있어 박스당 50포인트를 적립할 수 있다. 또한 구독 서비스와 세포라의 멤버십 프로그램인 '뷰티 패스Beauty Pass'를 결합하여 세포라의 오프라인 매장을 방문할 시 제품 사용에 대한 매장 내 전문가 조언을 제공하는, 온라인과 오프라인이 결합된 일종의 옴니채널 전략을 시도하였다. 또한 프로그램을 초대 기반으로 만들고 참여 대기자 명단을 작성함으로써 세포라는 추가 제

세포라 플레이 이용 프로세스

1. 구독(Subscribe) : 홈페이지에서 개인 프로필 입력

2. 시도(Try) : 세포라 플레이 가입자는 배송받은 뷰티 샘플을 통해 최신 브랜드를 체험할 수 있고 다양한 메이크업 팁과 같은 프리미엄 콘텐츠와 전문 커뮤니티에 액세스 할 수 있음

3. 구입(Buy) : 뷰티 샘플이 마음에 들면 세포라 매장에서 실제 크기 제품을 구입할 수 있음. 또한 리워드 프로그램인 뷰티 인사이더 포인트를 통해 할인 혜택도 받을 수 있음

▲ 세포라 플레이 이용 프로세스 (출처: Sepora 홈페이지)

▲ 세포라 플레이 서비스 (출처: Sepora 홈페이지)

품을 구매하고 귀중한 피드백을 공유할 가능성이 높은 충성도 높은 팬 커뮤니티를 양성하는 것을 목표로 삼았다.

세계적인 면도기 브랜드인 P&G의 질레트는 면도기 구독 서비스 업체인 달러쉐이브클럽의 도전에 맞서기 위해 2015년 구독 서비스 인 '질레트 쉐이브 클럽Gillette Shave Club'을 오픈했다. 전형적인 면도기 -면도날 모델razor and blade model로 지난 100년 동안 전 세계 면도 시장 을 지배했던 질레트가 구독 서비스를 시작한 이유는 겁 없는 신생 기업인 달러쉐이브클럽 때문이다.

질레트 쉐이브 클럽은 면도기 구독 서비스 분야의 강자인 달러쉐 이브클럽에 도전하기 위해 배송비 무료, 무료 스타터키트 제공, 한 정판 면도기 모델 등 다양한 혜택을 제시하고 있다. 질레트 쉐이브 클럽은 마하3, 퓨전5, 퓨전 프로 글라이드 등 다양한 모델의 카트리 지를 1개월, 3개월, 6개월 주기로 배송해 준다. 퓨전 프로 글라이드 는 4개월마다 4개의 카트리지를 18달러에 제공하고 퓨전 프로

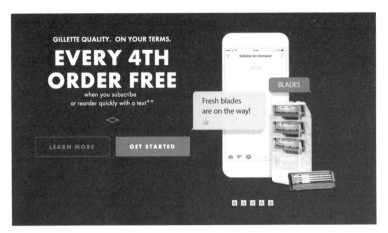

▲ 질레트가 선보인 구독 서비스, 질레트 쉐이브 클럽(출처: Gillette)

쉴드는 4개월마다 4개의 카트리지를 22.49달러에 제공하고 있다.

또한 인기 있는 2가지 모델인 프로글라이드 쉴드 스타터키트

ProGlide Shield Starter Kit와 스킨가드 스타터키트SkinGuard Starter Kit를 선택하

면 무료로 면도기와 여행용 케이스를 받을 수 있고 2주 후에는 새

▲ 구독 회원에게만 제공하는 질레트 한정판 스타터키트(출처: Gillette)

로운 블레이드와 쉐이브 크림이 배달된다. 면도기와 면도날 외에 다양한 페이스와 바디 제품도 구독 신청을 할 수 있다. 또한 질레트 쉐이브 클럽 가입자는 언제든지 멤버십을 변경하거나 취소할 수 있으며 불만족한 고객에게는 환불 보증을 제공하고 있다.

2장

구독 비즈니스의 성공 전략

공유경제와 구독 비즈니스 모델의 관계

구독 비즈니스는 제품 또는 서비스에 접근하는 고객에게 일반적으로 매월 또는 매년 반복되는 요금을 청구하는 사업 모델이라고 정의할 수 있다. 구독 비즈니스 모델은 제공 업체와 이용 고객이 일회성이 아닌 지속적인 관계를 형성한다. 또한 거래 형태가 아닌 상호 파트너십 형태로 보다 진화된 관계를 맺는다. 따라서 구독 서비스는 단순히 오프라인 매장 내 경험을 대체하는 것이 아니라 다양한 이해관계자가 참여하는 파트너십 확장형 모델에 가깝다. 구독 비즈니스 모델 중 일부는 개인 소비보다는 타인과 제품 및 서비스를 공유하는 '공유경제Sharing Economy'에 기반하고 있다.[10]

공유경제의 사전적 정의는 '한 번 생산한 제품을 여럿이 공유해 쓰는 협력 소비를 기본으로 한 경제 시스템'으로 2008년 미국 하버

---

10 Michał Jędraszak, "Subscription Business Handbook: An Executive's Guide to the Subscription Market", Straal, 2019.

드 법대 로런스 레시그_{Lawrence Lessig} 교수가 처음 소개하였다. 전통적으로 소유의 개념이 강했던 주택이나 자동차 등의 재화를 소유하지 않고 여럿이 함께 사용해 효율성을 높이는 소비 행태가 공유경제의 장점이다. 구독 비즈니스 모델 전부에 해당하지는 않지만 구독 서비스 중 일부는 다른 회원과 의류, 신발, 가방, 시계, 자동차 등의 제품과 서비스를 공유하는 협업 소비의 개념인 것을 확인할 수 있다. 이는 소유에 대한 흥미 저하와 협력적 소비에 의해 촉발된 공유경제의 성장으로 인해 제품과 서비스의 공동 소비에 대한 사람들의 관심이 높아졌기 때문이다.

소비자가 구독 서비스를 선택하는 기준

구독 비즈니스 모델이 인기를 얻고 있지만 무조건적인 성공을 보장하지 않는다. 따라서 구독 서비스를 도입하려면 기업 입장에서는 일회성 구매에 비해 높은 부가가치를 제공하는지, 그리고 구독 서비스가 가격 경쟁력은 있는지를 신중하게 따져 봐야 한다.[11] 글로벌 리서치 기업인 유로모니터 인터내셔널은 2019년 발표한 "Top 10 Global Consumer Trends 2019" 보고서에서 전 세계 소비자의 50%가 시간을 절약하기 위해 가입 서비스를 사용했으며 27%는 비용을 절약하기 위해 서비스를 사용했다고 밝혔다. 다음의 그림 '소비자들의 구독 서비스 선택 기준'을 보면 일회성 구매보다 가격이 저

11　Robbie Kellman Baxter, "Subscription Business Models Are Great for Some Businesses and Terrible for Others", Harvard Business Review, 2016. 7.

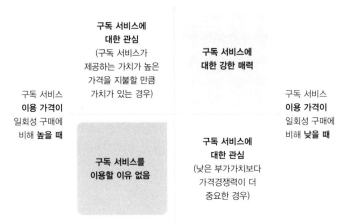

구독 서비스가 일회성 구매에 비해
부가가치가 높을 때

**구독 서비스에
대한 관심**
(구독 서비스가
제공하는 가치가 높은
가격을 지불할 만큼
가치가 있는 경우)

**구독 서비스에
대한 강한 매력**

구독 서비스
이용 가격이
일회성 구매에
비해 **높을 때**

구독 서비스
이용 가격이
일회성 구매에
비해 **낮을 때**

**구독 서비스를
이용할 이유 없음**

**구독 서비스에
대한 관심**
(낮은 부가가치보다
가격경쟁력이 더
중요한 경우)

구독 서비스가 일회성 구매에 비해
부가가치가 낮을 때

▲ 소비자들의 구독 서비스 선택 기준 (출처: ING 보고서[12] 재구성)

럼하고 부가가치가 높은 구독 서비스가 존재한다면 소비자는 일회
성 구매보다 구독 서비스에 더 강한 매력을 느낄 것이다. 여기서 부
가가치는 구독 서비스 업체에서 제공하는 오퍼링offering으로 추가 서
비스, 추가 편의, 거래비용 절감, 최신제품 이용, 기능 업그레이드,
서프라이즈, 새로운 경험 등 다양한 방식으로 존재하며 싱글 또는
조합을 통한 다차원 형태로 나타날 수 있다.

또한 가격은 높지만 구독 서비스가 제공하는 부가가치가 높다면
고객 입장에서는 구독 서비스를 고려해 볼 것이다. 마찬가지로 부
가가치는 낮지만 가격이 저렴한 경우도 매력을 느낄 수 있다. 하지

[12] Marieke Blom and Ferdinand Nijboer, "Now that we subscribe to music, are tools and toi-
letries next?", ING Economics Department, 2018.

134

만 구독 서비스가 제공하는 부가가치도 낮은데 일회성 구매에 비해 가격이 높다면 구독 서비스는 더 이상 검토할 대상이 아닐 것이다. 일반적으로 구독 서비스 모델은 가격은 저렴하고 정기적으로 보충되는 특징을 가진 제품에 적합하다. 예를 들어 고객이 강아지 사료나 간식을 월 1만 원대에 정기 구독으로 신청한 경우 일회성 구매에 비해 가격도 적당하고 매번 반복 구매를 하지 않아도 되기 때문에 가능하면 구독 서비스를 해지하지 않고 계속 이어갈 것이다.

생리대 정기 구독 서비스인 먼슬리씽을 제공하는 스타트업 씽즈는 신규로 나오는 생리대 제품을 소량 단위로 구매해서 자신에게 맞는 제품을 찾고자 하는 가임기 여성을 대상으로 한다. 이 업체는 일회성 구매에 비해 저렴한 가격으로 생리대를 박스에 담아 정기 배송하는 서비스로 인기를 모으고 있다. 이처럼 스타트업이 상품 구독이나 서비스 구독으로 적정한 수준의 이익을 창출하려면, 상품의 양보다는 기존 대규모 멤버십/정기 배송 서비스 업체들이 제공하지 못하는 해당 상품 영역에서의 카테고리 킬러 제품에 대한 역량을 확보해야 한다.

경영 컨설턴트이자 하버드 비즈니스 스쿨 전략경쟁연구소The Institute for Strategy and Competitiveness의 수석연구원 조안 마그레타Joan Magretta는 "좋은 비즈니스 모델이란 인간의 동기에 대한 통찰을 바탕으로 수익의 흐름을 이끌어 내는 것이며, 마치 새로운 이야기를 쓰는 것과 같다"고 말했다.[13]

---

13 Joan Magretta, "Why Business Models Matter", Harvard Business Review, 2002. 5.

이처럼 좋은 구독 비즈니스 모델을 기획하는 것은 어쩌면 새로운 스토리를 만들어 내는 것과 같다고 할 수 있다. 작가가 좋은 글을 쓰기 위해서는 많은 작품을 읽어야 하는 것처럼 성공적인 구독 비즈니스 모델을 만들기 위해서는 다양한 경험과 전문적인 지식, 그리고 성공한 비즈니스 모델을 벤치마킹하는 작업이 필요하다. 미국의 경제학자인 시어도어 레빗 Theodore Levitt 하버드대 교수는 "고객이 원하는 것은 직경 0.6cm의 드릴이 아니라 직경 0.6cm의 구멍"이라고 말하면서 고객은 그들이 해야 할 작업을 수행하고 목적을 달성하기 위해 제품과 서비스를 구매하는 것이라고 주장하였다.

지난 100년 동안의 제품 기반 사고방식에서 벗어나 왜 고객이 이 제품과 서비스를 구매하는지, 즉 구매동기에 대한 이해와 성찰이 필요하다. 따라서 고객의 구매동기를 이해하려면 특정한 상황에서 고객이 가진 문제를 해결하는 'Jobs-To-Be-Done(고객 해결 과제)' 전략이 중요하다. 2020년 1월 세상을 떠난 세계적 경영 사상가인 하버드대 클레이튼 크리스텐슨 Clayton Christensen 교수는 하버드 비즈니스 리뷰 2016년 9월호에서 발표한 "Know Your Customers' "Jobs to Be Done""을 통해 "혁신이 성공하기 위해서는 고객 프로필을 작성하고 데이터를 분석하는 일에 앞서 고객이 처한 현재의 상황을 다각적으로 검토하고 이를 통해 고객이 가진 문제를 궁극적으로 해결해야 한다"고 주장하였다.[14] 여기서 'Job'이란 주어진 환경에서 고객이 실제로 달성하고자 하는 것을 의미한다.

---

14 Clayton M. Christensen, Taddy Hall, Karen Dillon, and David S. Duncan, "Know Your Customers' "Jobs to Be Done"", Harvard Business Review, 2016. 9.

고객이 처한 상황	구독 서비스의 부가가치	구독 가능 제품 예시
해당 제품이 자주 필요한데 일회성 거래로 많은 시간이 소요되는 경우	검색 및 거래 소요 시간 단축	꽃, 와이셔츠, 양말 등
종류가 너무 많아 어떤 제품을 선정해야 할지 잘 모르는 경우	제품 선정에 따른 스트레스 제거	의류, 와인 등
같은 제품을 반복 구매하는 경향이 있어 새로운 제품을 경험하고 싶은 경우	새로운 경험	디너 박스, 뷰티 박스 등
일회성 구매 금액이 비싸게 느껴지는 경우	저렴한 가격	잉크, 면도기, 면도날 등
재고가 없을 때 난처한 상황이 발생하는 경우	재고가 부족하기 전 상품 배송	기저귀, 생리대, 휴지 등

▲ 구독 서비스를 통한 고객 문제 해결 방식 (출처 : ING 보고서[15] 재구성)

　구독 비즈니스 모델은 노리아키 카노 Noriaki Kano 교수가 1984년 발표한 "Attractive quality and must-be quality" 논문에서 발표한 품질요인 분석 모형인 카노 모델 Kano Model 을 적용하여 설명할 수 있다.[16] 카노 모델은 제품의 기능과 성능에 대해 소비자가 기대하는 것과 충족시키는 것 사이의 주관적 관계와 요구 사항의 만족/불만족에 의한 객관적 관계를 설명하는 분석 툴로, 새로운 제품이나 서

15　Marieke Blom and Ferdinand Nijboer, "Now that we subscribe to music, are tools and toiletries next?", ING Economics Department, 2018.

16　Kano, N., Seraku, N., Takahashi, F., and Tsuji, S., "Attractive Quality and Must-Be Quality", *Journal of the Japanese Society for Quality Control*, 1984.

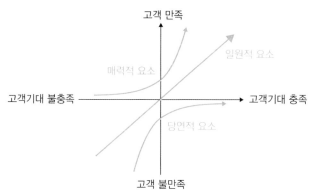

고객 만족

일원적 요소

매력적 요소

고객기대 불충족 ──────────────→ 고객기대 충족

당연적 요소

고객 불만족

▲ 품질요인 분석 모형인 카노 모델(출처: Tan, 2001[17] 재구성)

비스를 개발하는 데 많이 이용되고 있다. 카노 모델의 세로축은 제품/서비스의 기능이나 퀄리티 등 주요 요구 사항에 대한 고객의 만족도를 측정하며, 가로축은 제품/서비스에 대한 고객의 기대에 대한 충족 수준을 나타낸다. 카노 모델은 제품/서비스의 품질속성에 대한 고객의 만족도 수준을 5가지 모델로 구분했는데 여기서는 당연적 요소Must-be requirement, 일차원적 요소One dimensional requirement, 매력적 요소Attractive requirement 등 3가지 요소를 중심으로 살펴보고자 한다.

당연적 요소는 고객이 품질에 기대하는 최소한의 요구사항으로 고객 입장에서 있으면 당연한 것이니 충족한다고 해도 별다른 만족감을 주지 못하지만 만약 없을 경우 매우 큰 불만족을 일으키며 서비스를 취소하게 하는 요인으로 작용한다. 예를 들어 드롭박스의

17 Tan, K.C., and Pawitra, T.A., "Integrating SERVQUAL and Kano's Model into QFD for Service Excellence Development", *Managing Service Quality*, 11(6), 2001, pp.418-430.

경우 PC와 모바일을 모두 지원하지만 만약 PC만 지원하고 모바일은 지원하지 않는다면 사용자 입장에서는 매우 큰 불만을 가지고 구독 해지를 하게 될 것이다. 이때 모바일 지원은 당연적 요소라고 할 수 있다. 또한 드롭박스가 모바일을 지원한다고 해서 고객 입장에서는 당연하게 생각하기 때문에 만족도가 높아지지는 않을 것이다. 즉, 모바일 지원은 서비스를 제공할 때 반드시 고려해 지원해야 하는 당연적 요소가 되는 것이다.

일차원적 요소는 기대에 충족하면 만족하지만 생각한 만큼 기대가 충족되지 않으면 불만족을 가지게 되는 매우 기본적인 요소라고 할 수 있다. 드롭박스의 경우 저장공간이 일차원적 요소에 해당한다. 무료인 베이직 이용자도 2GB의 용량을 이용할 수 있기 때문에 고객 입장에서는 베이직 회원 가입 시 2GB의 저장공간을 받게 되면 드롭박스의 품질에 만족하지만 저장공간을 받지 못한다면 드롭박스를 이용하게 될 이유가 없어진다.

매력적 요소는 기대하지 않았기 때문에 충족되지 않아도 불만족은 없지만 충족되면 감동할 만큼 가치를 느끼게 되는 요소로 사용자의 실수로 삭제된 자료를 복원할 수 있거나 스마트폰을 분실했을 때 원격으로 저장된 데이터를 삭제할 수 있는 기능을 제공한다면 드롭박스를 구독하는 매력적 요소로 작용할 것이다.

대표적인 구독 서비스인 드롭박스의 경우 가로축인 사용자의 충족도를 심화시키는 서비스인 드롭박스 플러스와 드롭박스 프로페셔널 모델을 통해 무료 회원인 베이직 플랜 구독자를 유료 회원으로 전환시키고 있다. 드롭박스는 당연적 요소인 기본 저장공간 제공, 3개 디바이스 액세스 및 동기화 기능을 베이직 회원에게도 제공하지만, 30일간 계정 복구, 스마트 동기화, 모바일 오프라인 폴더, 계정 원격 삭제, 문서에서의 텍스트 검색 등 추가적인 매력적 요소는 유료인 플러스 회원부터 지원하고 있다. 매력적 요소에 대한 무료 사용자의 접근을 제한함으로써 베이직 회원이 더 높은 수준의 충족도를 얻기 위해 기꺼이 비용을 지불하고 유료 회원으로 전환하게끔 유도한 것이다.

이처럼 구독 서비스 업체는 사용자들이 어떤 요소를 매력적으로 느끼는지, 일차원적으로 느끼는지, 당연적 요소로 느끼는지를 지속적으로 조사하고 분석해야 한다. 그리고 시간이 지나고 경쟁 서비스가 출현함에 따라 처음에는 매력적 요소였지만 나중에는 일차원적 요소 또는 당연적 요소로 바뀔 수 있기 때문에 지속적으로 차별화된 매력적 요소를 개발해야 한다.

구독 비즈니스 모델 전략 프레임워크

구독 비즈니스 모델을 성공시키기 위해서는 비즈니스 모델, 신규 고객 확보, 고객 유지, 충성도 향상, 이탈 감소 등 세부적인 전략이 필요하다.[18] 이를 위해 가장 먼저 해야 하는 작업은 구독 서비스로 제공하려고 하는 제품과 서비스의 아이템을 선정하고 구독 비즈니스를 통해 고객에게 제공하고자 하는 차별화된 고객 가치를 정하는

---

18 "Journey to a Subscription Business Model", Navint Partners, 2016. 7.

것이다.[19] 일반적으로 구독 비즈니스 모델은 확보한 고객을 오랜 기간 유지하는 것이 매우 중요하다. 이를 위해서는 평소 고객과의 의사소통에 집중하고 고객과 함께 있어야 할 충분한 이유를 제공해야 한다.

성공적인 구독 비즈니스 모델은 가격을 인상하여 더 많은 수익을 창출하기보다는 기존 제품이나 서비스보다 향상된 업그레이드 버전을 제시하거나 기존 고객으로부터 새로운 신규 고객을 소개받아야 한다. 또한 서비스 해지 고객이 다시 찾아오게 하는 이탈 고객 되돌리기(윈백Win-Back) 전략도 반드시 필요하다. 아울러 서비스 운영을 위한 세부적인 관리 및 활성화 지표를 만들고 정기 조사를 통해 조직에서 지속적으로 성능 향상을 추구하는 문화를 구축해야 한다.

본 책에서는 구독 비즈니스 모델 전략 프레임워크를 ① 비즈니스 모델 수립 ② 신규 고객 확보 ③ 고객 로열티 강화 ④ 수익 확대 ⑤ 고객 윈백 등 5가지 단계로 구분하고 각 단계별로 구체적인 추진 전략과 효과적인 운영 팁을 살펴보고자 한다.

---

19   Morten Suhr Hansen, "How to build a subscription business", Bookboon, 2014.

	1 비즈니스 모델 수립	**2** 신규 고객 확보	**3** 고객 로열티 강화	**4** 수익 확대	**5** 고객 원백
추진 방향	고객이 가진 문제를 구독 서비스를 통해 어떻게 해결할 것인지를 제시하고 효과적인 가격 정책을 수립	새로운 구독 비즈니스 모델의 구독자 확보를 위해 잠재 고객에게 구독 방법과 가격을 알려주는 캠페인 전개	이탈률을 줄이고 구독 서비스를 안정적으로 유지하기 위해 고객 만족도를 높이고 고객의 가치와 수명을 연장하기 위한 로열티 프로그램을 시도	안정적인 수익 확대를 위해 기존 고객을 대상으로 상향 판매와 교차 판매를 통해 수익 극대화	신규 고객을 찾아 헤매기보다 구독 서비스를 이탈한 고객을 설득하여 다시 구독 서비스에 가입시키는 활동
추진 전략	**[제공 가치]** • 고객 문제 해결 • 제공 가치와 잠재 고객 정의 **[가격 정책]** • 단위 기반 • 사용 기반 • 패키지 모델 • 사용자 기반 모델 • 무제한 모델	• 한 달 무료 서비스: 한 달간 무료로 서비스를 이용한 다음 별도 취소 가입 없을 시 유료회원으로 전환 • 지인 추천 캠페인: 지인 추천 시 혜택 제공 • 프리미엄 전략: 기본 서비스는 무료, 업그레이드 서비스는 유료로 제공	• 보너스 프로그램: 신규 구독, 재가입 시 포인트 제공 • 혜택 프로그램: 다양한 제휴 업체를 통해 구독자가 할인 등 실질적인 혜택을 누릴 수 있도록 지원	• 업셀링: 브론즈 고객을 실버나 골드 고객으로 업그레이드하도록 유도 • 크로스셀링: 고객에게 추가적인 제품 제안	• 인센티브 제시: 재가입 시 혜택 제시 • 이탈 이유 해결: 구독 취소 시 작성한 이탈 이유에 대한 해결책을 제시 • 가격 할인: 일정 기간 가격 할인 혜택 제시

▲ 구독 비즈니스 모델 전략 프레임워크 (출처 : Morten Suhr Hansen[20] 자료 재구성)

1단계: 비즈니스 모델 수립

일반적으로 기업의 비즈니스 모델 구성요소는 비즈니스 모델 캔버스 형태로 정리할 수 있다. 비즈니스 모델 캔버스는 '기업이 어떻게 수익을 창출하는지에 관한 원리를 설명해주는 9개의 빌딩 블록 Building Blocks을 간단한 아이콘으로 표현해 구획으로 나눈 것'으로, 다

---

20 Morten Suhr Hansen, "How to build a Subscription Business", Bookboon, 2014.

양한 산업 영역에 적용 가능한 것이 특징이다. 알렉스 오스터왈더^{Alex} Osterwalder 와 예스 피그누어^{Yves Pigneur}가 《비즈니스 모델의 탄생》이라는 책을 통해 비즈니스 모델의 구성요소를 9가지로 정리하였고, 현재 이 9개 블록으로 된 구성요소가 가장 일반적으로 활용되고 있다.[21]

주요 파트너	주요 활동	가치 제안	고객 관계	고객군
• 구독 서비스를 전개하기 위한 주요 제휴 파트너사는 누구인가?	• 개인화 서비스, 큐레이션, 오퍼링, 서비스 개선 등 구독 서비스 활성화를 위한 주요 활동은 무엇인가?	• 구독 서비스가 일회성 구매에서 경험한 고객의 불편함이나 문제점을 어떻게 해결할 수 있는가?	• 고객과 지속적으로 좋은 관계를 유지하기 위한 방안은 무엇인가?(초기 신규 고객 확보, 기존 회원 유지, 고객 로열티 강화)	• 고객의 특성과 성향에 맞게 어떻게 고객을 세분화할 것인가?(무료 고객, 유료 고객, 이탈 고객)
	관리 지표 • 구독 서비스의 핵심 관리 지표는 무엇인가?(가입자당 평균 매출, 유료 전환율, 이탈률 등)	• 일회성 구매에 비해 고객에게 차별화된 특별한 가치를 제공하는가? • 일회성 구매 대비 가격 경쟁력이 있는가?	**채 널** • 구독 고객과의 커뮤니티 접점은 무엇인가?	

비용 구조
• 구독 서비스 운영에 소요되는 비용 항목은 무엇인가?

가격 정책
• 구독 서비스의 가격 정책을 어떻게 설정하는가?(단위, 사용, 패키지, 사용자, 무제한 등)

▲ 구독 비즈니스 모델 캔버스(비즈니스 모델 캔버스의 9가지 구성요소를 구독 비즈니스 모델에 맞게 재구성하여 핵심 자원과 수익원 대신 관리 지표와 가격 정책을 추가)

21 A. Osterwalder and Y. Pigneur, *Business Model Generation: A Handbook for Visionaries, Game Changers, and Challengers*, John Wiley and Sons Inc., 2010.

비즈니스 모델 캔버스는 고객 분류Customer Segment, CS, 가치 제안Value Proposition, VP, 채널Channels, CH, 고객 관계Customer Relationships, CR, 수익원Revenue Streams, RS, 핵심 자원Key Resources, KR, 핵심 활동Key Activities, KA, 핵심 파트너십Key Partnerships, KP, 비용 구조Cost Structure, CS 등 9개의 블록으로 구성된다. 이 모델의 가장 큰 특징은 비즈니스의 중심인 고객, 상품, 사업 타당성 분석, 조직의 구조 및 프로세스, 시스템 등을 통해 비즈니스를 보다 전략적으로 실행할 수 있도록 시각적으로 도식화했다는 점이다. 따라서 이 모델은 사업 분석을 용이하게 하여 사업의 문제점을 확인하고 개선안을 도출할 수 있기 때문에 비즈니스 모델을 분석하는 도구로 많이 활용되고 있다. 특히 구독 비즈니스 모델 캔버스는 구독 서비스를 초기에 기획할 때 유용한 도구로 캔버스의 작성을 통해 구독 비즈니스 모델을 9가지 핵심 요소로 나눠서 분석하고 장점 및 단점, 취약점을 판단하는 데 유용하게 사용할 수 있다.

① 주요 파트너

주요 파트너는 비즈니스 모델을 작동시키는 데 필요한 협력 대상을 의미한다. 파트너십은 구독 서비스 기업의 비즈니스 모델을 작동시키는 이해 관계자(공급자, 파트너 등) 간 네트워크로 정의할 수 있다. 기업은 비즈니스 모델 최적화, 리스크 감소, 자원 확보를 위해 협력 관계를 구축하며 파트너십은 비경쟁사 간의 전략적 동맹, 경쟁사 간의 전략적 파트너십, 신규 비즈니스 개발을 위한 조인트벤처, 신뢰할 수 있는 공급망을 보장하기 위한 구매자와 공급자 간 관계 등으로 구분할 수 있다.

② 주요 활동

구독 비즈니스 모델을 작동시키기 위해 반드시 수행해야 하는 업무를 정의하는 영역이다. 커머스 기반 구독 서비스라면 저렴하면서 완성도 높은 제품을 생산하는 공급 업체를 찾아야 하고 고객에게 제공할 오퍼링을 개발하고 고객의 취향에 맞는 개인화 서비스를 제공하는 등의 활동이 필요하다.

③ 관리 지표

구독 서비스 운영과 활성화 여부를 알기 위해 주기적으로 관리하는 중점 지표로 가입자당 평균 매출, 신규 가입 고객 수, 이탈률 등이 대표적이다. 회사의 상황과 진행 단계에 맞춰 다양한 관리 지표를 자체적으로 정할 수 있다.

관리 지표

- **가입자당 평균 매출**Average revenue per subscriber(user) : 가입자당 평균 매출은 보통 'ARPU'라고 부르며 가입한 서비스에 대해 가입자 1명이 특정 기간 동안 지출한 평균 금액을 말한다. 업셀링과 크로스셀링을 통해 영향을 받을 수 있으며 전체 고객 또는 구독 패키지별로 측정할 수 있다.
- **신규 가입 고객 수**Number of new acquisitions : 분기, 반기, 연간 등 특정 기간 동안 획득한 신규 가입자 수를 의미하며 캠페인 또는 판매 채널별로 측정한다.
- **가입자 획득 비용**Subscriber acquisition cost : 가입자 획득 비용은 가입자 확보에 투입된 마케팅 비용, 판매 수수료 등 한 명의 가입자를 확보하기 위해 들어간 총비용으로 구성된다.
- **월 순환 매출**Monthly recurring revenue : 매월 발생하는 고정 수입 금액으로 월별로 순 사용자수에 구독료를 곱한 숫자를 의미한다. 월 순환 매출의 증가는 구독 비즈니스 모델의 건전한 성장에 매우 중요하다.

- **월 이탈률**Monthly Churn rate : 월 이탈자 수를 총구독자 수로 나눈 숫자를 의미한다. 신규 고객, 이탈 고객은 한 달간 이용했다고 보기 어렵기 때문에 이에 대한 보정 치는 기업 환경에 맞게 적용한다.
- **월 반복 비용**Monthly recurring costs : 월별 반복 비용은 반복되는 월별 수익을 얻기 위해 발생하는 비용으로 예를 들어 소프트웨어를 서비스로 제공하는 경우 해당 계정에 대한 서버 비용과 지원 비용이 발생한다.
- **고객생애가치**Lifetime value, LTV : 가입자당 총수익을 의미하며 구독자당 평균 수익 을 고객 이탈과 결합하여 새로운 고객으로부터 생성할 수 있는 총수익을 계산할 수 있다. 구독 비즈니스가 수익성을 유지하려면 고객생애가치가 신규 고객 확보 비용보다 높아야 한다.

④ 가치 제안

가치 제안은 특정 고객군의 요구사항을 충족시키는 선택된 제품 및 서비스의 조합으로 설명된다. 즉, 무슨 가치를 고객에게 전달할 것 인가, 고객의 어떠한 문제를 해결하기 위해 도움을 줄 것인가, 고객 의 어떠한 요구사항을 만족시킬 것인가, 제품 및 서비스를 어떻게 조합하여 각각의 고객군에 제안할 것인가를 결정하는 과정이다.[22]

가치 제안은 고객이 경쟁사 제품이나 서비스가 아닌 우리 회사에 서 제공하는 구독 서비스를 이용하는 이유이며 경쟁적 우위를 기반 으로 한 차별화된 가치로 고객을 사로잡아야 한다. 가치 제안은 구 독 비즈니스 모델뿐만 아니라 모든 비즈니스 모델에서 가장 중요한 요소다. 시장에 출시하려는 구독 비즈니스 모델의 가치 제안을 고 민하고 있다면 가장 먼저 '기존의 일회성 구매 과정에서 고객이 가

---

22 Zott, C., Amit, R., and Donlevy, J., "Strategies for Value Creation in E-Commerce: Best Practice in Europe", *European Management Journal*, 18(5), 2000. pp.463-475.

진 문제나 숨어 있는 불편함을 해결할 수 있는지'에 대한 성찰이 필요하다.

시간에 쫓기는 바쁜 고객이라면 제품 구매에 따른 관리와 교체, 재구매 단계라는 문제나 불편함을 제거하거나 감소시킴으로써 고객이 업무와 일상생활에 집중할 수 있도록 돕는다. 또한 새로운 경험과 서프라이즈를 원하는 고객이라면 다양한 제품을 이용할 수 있게 하고 가끔씩 깜짝 선물이나 이벤트를 제공하여 이들의 니즈를 충족시켜 줄 수 있어야 한다. 이처럼 제공 가치가 분명하고 강력할수록 구독 비즈니스 모델의 성공 확률이 높아지게 된다.

예를 들어 하비풀은 수예, 자수 등의 핸드메이드 취미 활동을 즐길 수 있도록 재료 패키지를 배송해 주는 구독 비즈니스를 하고 있다. 과거에는 이런 취미 활동을 하려면 바쁜 시간을 쪼개 학원을 찾아야 했지만 하비풀은 고객이 흥미 있는 주제를 선택하면 그에 맞는 재료를 제공하고, 전문가의 동영상 강의를 통해 노하우를 알려

▲ 취미 구독 서비스 하비풀 (출처:하비풀 홈페이지)

주기 때문에 굳이 취미를 배우러 학원에 가지 않아도 된다.

　이처럼 구독 서비스 가입 시 더 넓은 범위의 혜택을 결합하면 훨씬 더 강력한 가치 제안이 이루어진다. 따라서 구독 서비스 업체는 고객의 문제를 해결하는 가치 제안에 대한 내용을 작성하는 데 많은 시간과 노력을 투자해야 하고 이 내용이 고객에게 전달될 수 있도록 적극 홍보해야 한다.

⑤ 고객 관계

고객 관계는 특정 고객군과 기업이 맺는 관계의 유형을 의미한다. 구독 서비스 기업은 분류된 고객군을 대상으로 목적에 맞는 다양한 관계 전략을 수립할 수 있다. 기업이 특정한 고객군과 형성한 관계의 유형으로 설명되며, 고객군별로 확립하고자 하는 관계의 유형을 명확히 해야 한다. 고객 관계는 고객 확보, 고객 유지, 판매 촉진과 같은 동기에 따라 유도될 수 있다.

⑥ 채널

채널은 고객과 기업 간의 터치 포인트로 고객에게 새로운 가치를 제공하기 위해 어떻게 커뮤니케이션하고 어떤 방법으로 서비스를 제공하는지를 정의한다. 구독 서비스의 경우 일반적으로 홈페이지, 모바일 앱, 소셜 채널 등을 주요 채널로 정의할 수 있다.

⑦ 고객군

비즈니스 모델 기획의 핵심으로 우리 회사의 주요 고객군을 분류하고 정의하는 작업으로 고객군은 기업이 제품 및 서비스를 제공하고 자 하는 다양한 그룹의 사람 또는 기업으로 정의된다. 즉 누구를 위해 가치를 창출할 것인가, 우리의 가장 중요한 고객은 누구인가에 대한 해답을 찾기 위한 것이다. 고객은 모든 비즈니스 모델의 핵심이며 고객 없이는 어느 회사도 생존할 수 없다. 고객 만족도를 높이기 위해 회사는 공통적인 요구사항 및 행동양식 또는 기타 특성을 지닌 차별화된 세그먼트로 고객을 그룹화할 수 있고, 어떤 세그먼트를 대상으로 제품 및 서비스를 제공할 것인지 결정해야 한다. 결정이 내려지면 특정 고객의 요구에 대한 확실한 이해를 바탕으로 신중하게 비즈니스 모델을 설계할 수 있다.

⑧ 비용 구조

비용 구조는 비즈니스 모델을 운영하면서 발생되는 모든 비용을 의미한다. 비용 구조는 가치 창출 및 전달, 고객 관계 유지, 수익 창출을 위해 소요되는 모든 비용을 포함한다. 이러한 비용은 핵심 자원, 핵심 활동, 핵심 파트너십을 정의한 후에 상대적으로 쉽게 계산할 수 있다.

⑨ 가격 정책

구독 서비스의 가격 정책은 유닛 기반 가격 모델(양말 월 5개 제공 시 1만원), 사용 기반 가격 모델(이용한 만큼 돈을 내는 구조), 2~3가지 유료 옵션중 하나를 선택하는 패키지 가격 모델(베이직 1만 원, 스탠다드 3만 원, 프리미엄 5만 원), 사용자 기반 가격 모델(10명 5만 원, 50명 100

만 원, 100명 이상 300만 원), 무제한 가격 모델(월 1만 원에 무제한 영화 감상) 등 다양하다.

- 유닛 기반 가격 모델: 실제 단위 또는 제품에 대한 비용을 지불하는 방식으로 기존 일회성 구매 모델과 매우 유사하지만 구매 결제가 자동화된다는 점이 다르다.
- 사용 기반 가격 모델: 제품 또는 서비스를 사용한 만큼 비용을 지불하는 방식으로 통신 등에서 일반적으로 볼 수 있다.
- 패키지 가격 모델: 고객은 자신의 이용 패턴에 맞춰서 다양한 가격대의 패키지를 선택할 수 있다. 일반적으로 베이직, 스탠다드, 프리미엄 또는 브론즈, 실버, 골드 등으로 소프트웨어 서비스에서 자주 볼 수 있다.
- 사용자 기반 가격 모델: 서비스를 이용하는 개별 사용자 수에 따라 요금을 청구하는 방식으로 매우 낮은 수수료로 서비스에 대한 전체 액세스 권한을 제공하지만 더 많은 사용자가 추가될수록 해당 요금이 증가된다. 클라우드 컴퓨팅 회사인 세일즈포스닷컴이나 아마존 AWS에서 사용하는 방식이다.
- 무제한 가격 모델: 제품 또는 서비스에 고정된 반복 금액으로 무제한 액세스할 수 있는 구독 모델로, 넷플릭스나 스포티파이와 같은 대부분의 디지털 컨텐츠 제공 업체에서 이용하는 방식이다.

2단계: 신규 고객 확보

한 달 무료 서비스

새로운 고객을 확보하기 위해서는 일종의 인센티브가 필요하다. 가장 인기 있는 인센티브 제도는 넷플릭스를 포함한 주요 구독 서비스 업체가 채택하고 있는 한 달 무료 이용이다. 회원 가입을 하고 신용카드 넘버를 기재하면 한 달은 무료로 이용할 수 있고 이후 취소를 하지 않으면 자동으로 유료 가입으로 전환되는 방식이다. 무료 평가판 구독은 신규 고객 확보를 위한 강력한 인센티브가 된다. 구독 서비스 업체 입장에서는 최대한 많은 고객을 확보하려면 평가판 기간 후에 평가판 구독자가 자동으로 갱신되도록 해야 한다.

캠페인 계획 개발

기본적으로 캠페인 계획은 기간별로 확보할 신규 구독자 수, 구독에 사용할 채널 및 각 신규 구독에 소요되는 비용을 알려 주는 총체적인 계획이다. 캠페인 계획을 개발하면 다양한 목적을 달성하고 여러 가지 중요한 이점을 얻을 수 있다. 먼저 핵심 목표는 판매 목표와 예산에 따라 모든 활동을 계획하는 것이다. 그러면 다양한 판매 활동에 대한 개요가 제공되고 목표를 달성하는 데 필요한 리소스가 표시된다. 또한 지속적으로 판매 실적을 모니터링하며 목표치에 얼마큼 도달했는지 확인할 수 있다. 또한 캠페인 계획을 사용하면 각 캠페인을 평가하고 여러 판매 채널에서 캠페인을 비교할 수 있으므로 대체 판매 채널 중에서 우선 순위를 지정할 수 있다.

▲ 드롭박스의 지인 추천 캠페인 화면(출처: Dropbox)

구독 서비스 업체 입장에서는 기존 구독 서비스 고객을 훌륭한 마케터로 활용할 수 있다. 지인에게 내가 사용하는 구독 서비스를 추천하면 추천자와 구독자 모두 합리적인 가치의 보상을 받을 수 있기 때문이다. 업체 입장에서는 별다른 마케팅 비용 부담 없이 신규 구독 회원을 늘릴 수 있고 기존 구독 회원도 가치 있는 보상을 얻을 수 있기 때문에 모두가 만족하는 인센티브를 얻을 수 있다. 드롭박스는 구독자가 친구에게 서비스를 홍보하도록 권장하고 추천된 새로운 구독자마다 500MB의 추가 저장 용량을 제공하는 매우 성공적인 추천 체계를 구축하여 성공을 거뒀다.

프리미엄 전략

프리미엄Freemium 모델은 드롭박스, 슬랙Slack, 스포티파이 등 많은 IT 서비스 기업에서 도입한 전략으로 가입 회원은 무료와 유료 플랜 중 하나를 선택할 수 있다. 양쪽의 차이점은 기능과 확장성에 있다.

드롭박스의 경우 무료로 사용하다가 더 많은 저장공간과 업그레이드된 기능이 필요하면 유료 플랜으로 전환하게 된다. 서비스 업체 입장에서는 핵심 기능을 무료로 제공하여 많은 고객 수를 확보한 다음 충성도가 높은 일부 회원을 대상으로 유료 요금제를 구독하도록 설득한다. 프리미엄 모델을 통해 드롭박스는 2019년에 1360만 명의 유료 개인회원 및 비즈니스 사용자로부터 약 16억 6000만 달러의 매출을 달성했으며 지금도 계속 성장하고 있다.

스트리밍 방식의 음원 서비스 스포티파이와 구인구직 서비스 링크드인 역시 드롭박스와 동일한 전략으로 전 세계 음원 시장과 프로페셔널 채용 시장을 평정했다. 드롭박스, 스포티파이, 링크드인 모두 무료 파일용량, 무료 음원 서비스(광고 포함), 무료 인맥 네트워크 서비스를 제공하면서 짧은 기간에 많은 사용자 수를 확보한 후 일부 충성 이용자들이 유료 서비스로 전환해야 하는 충분한 명분(드롭박스: 2TB, 3TB 추가 용량, 스포티파이: 광고 없는 양질의 음원 서비스, 링크드인: 채용담당자 등의 전문 DB 접근 등)을 제공하고 있다.

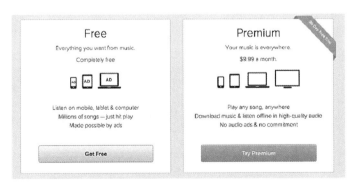

▲ 스포티파이의 프리미엄 모델(출처: Spotify)

이처럼 프리미엄 모델이 성공하려면 충분히 가치 있는 양질의 무료 서비스를 너무 과하지 않게 제공하면서 많은 사용자 수를 확보한 다음, 일부 충성 고객에게 무료 서비스와는 확연히 차이가 나는 특별한 가치를 지닌 유료 서비스를 이용할 명분을 제시해야 한다. 일반적인 경우 무료 서비스 이용 고객의 유료 플랜 전환율은 2~4%로 알려져 있다. 그렇다면 연간 10만 원의 구독 금액으로 연간 500억 원의 매출을 달성하기 위해서는 약 1700만 명의 무료 사용자를 확보해야 유료 전환율 3% 계산 시 연간 10만 원을 지불하는 51만 명의 유료 회원을 확보할 수 있다. 구독 서비스 업체는 많은 무료 회원들을 대상으로 광고 등 다른 수익 모델을 창출할 수 있기 때문에 유료 전환율이 높지 않아도 크게 개의치 않는다.

프리미엄 모델은 유료 지불에 대한 사용자의 저항을 극복하는 '구매 전 시험 사용' 경험을 제공하며 무료 사용자를 유료 고객으로 전환하는 데 기여해 왔다.[23] 프리미엄 모델을 고려할 때 가장 중요한 것은 무료로 제공하는 서비스의 가치와 유료로 제공하는 고급 서비스 간의 균형을 잡는 일이다. 프리미엄 모델의 1차 목적은 무료 서비스를 통해 많은 사용자 수를 확보하는 것이다.

만약 무료 서비스를 제공함에도 불구하고 원하는 만큼 충분한 사용자 수를 확보하지 못했다면 무료 서비스 자체의 매력이 떨어진다는 증거다. 초기 유저 확보에 실패하게 되고 좋지 않는 소문이 퍼지

23 Thomas Niemand, Sebastian Tischer, Tina Fritzsche, and Sascha Kraus, "The Freemium Effect: Why Consumers Perceive More Value with Free than with Premium Offers", Thirty Sixth International Conference on Information Systems, Fort Worth, 2015.

면 더 이상 회복이 어렵다. 이때는 빨리 더 나은 무료 서비스를 추가로 제공하거나 다른 서비스로 대체해야 한다. 그리고 무료 회원 수는 많이 확보했으나 유료로 전환하는 전환율이 낮다면 이것도 심각한 문제다. 그 이유는 이미 충분한 서비스를 무료로 경험한 회원은 굳이 유료 회원으로 업그레이드할 이유가 전혀 없기 때문이다.

이 경우에는 무료로 제공하는 서비스를 줄이는 방식으로 균형을 맞춰야 한다. 기업이 만약 30개의 기능을 가진 서비스를 개발하고 나서 프리미엄 모델을 고려한다면 이 중 5개를 무료로 제공하는 것이 맞을지, 아니면 10개를 무료로 제공하는 것이 좋을지를 잘 판단해야 한다. 무료 서비스가 너무 적어도, 또는 너무 많아도 문제가 되기 때문이다.

기업 대상 SaaSSoftware as a Service 기반 회계 솔루션 제공 기업인 'Chargify'는 2009년 프리미엄 비즈니스 모델을 적용하여 한 달에 50명 미만의 고객에게 인보이스를 발행하면 무료로 서비스를 제공하고 월 50명 이상의 고객에게 인보이스를 발행하면 월 49달러의 요금을 받는 방식으로 프리미엄 모델을 설계했다. 그런데 대부분의 고객은 월 50명 이상 인보이스를 발행할 필요가 없었기 때문에 유료 전환율이 매우 낮았다. 무료 서비스로도 충분했기 때문이다. 결국 이 회사는 2년 후 무료 옵션을 제거하고 유료 기반 서비스로 비즈니스 모델을 전환해 살아남을 수 있었다.

덴마크 오르후스 대학교Aarhus University 안나 홀름 교수 등은 "훌륭한 가치를 지닌 서비스를 무료로 제공한다는 사실이 곧 비즈니스의 성공을 의미하지는 않는다"고 말했다. 이들은 다음과 같이 말했다.

"프리미엄 모델이 대중에게 어필하기 위해서는 무료 서비스가 대중으로부터 관심을 끌 만큼 충분히 매력적이어야 하며, 개별 사용자뿐만 아니라 비즈니스 고객에게도 다가가야 한다. 프리미엄 모델을 성공시키기 위해서는 사용자 인터페이스 개선, 새로운 기능 추가, 다른 시스템과의 호환성 향상 등과 같은 가치 제안의 지속적인 개발 및 개선을 유지해야 한다."

프리미엄 모델의 작동원리는 간단하다. 대다수의 일반 사용자에게는 제품과 서비스를 무료로 제공하고 일부 충성고객에게 특별한 제품과 서비스를 유료로 제공하면서 수익을 창출하는 방식이다. 프리미엄 모델의 성장 방식은 사업 초기에 수익 창출보다는 사용자 수 확보에 치중하기 때문에 충분한 사용자 수를 확보하기 전까지 발생하는 비용은 대부분 벤처캐피털 펀딩을 통해 조달하고 있다. 링크드인은 사업 개시 후 2년 만에 50만 명의 회원을 확보하였고 3년 차에 400만 명의 개인회원을 확보한 다음 막대한 회원 수를 가치로 인정받아 다수의 벤처캐피털로부터 시리즈 A에서 470만 달러, 시리즈 B에서 1000만 달러를 투자 받는 데 성공하였다.

3단계: 고객 로열티 강화

구독 비즈니스 모델에 있어 가입 유지율은 매우 중요한 지표다. 이를 위해서는 강력한 고객 유지 프로세스를 개발해야 한다. 고객 로열티 프로그램은 고객 유지율을 향상시키는 매우 효과적인 방법으로 높은 고객 충성도는 구독 비즈니스의 수익성을 높이기 때문에 성공의 열쇠라고 할 수 있다. 고객 로열티 프로그램은 본질적으로 고객 만족도를 높이고 고객의 가치와 수명을 연장하기 위해 보너스, 인센티브 및 혜택으로 고객의 충성도를 보상하는 방법이다.

보너스 프로그램

보너스 프로그램은 고객이 구매할 때마다 또는 구독을 갱신할 때마다 포인트를 얻는다는 아이디어를 기반으로 한다. 이 포인트는 나중에 새로 구매하거나 향후 구독 시 할인으로 사용할 수 있다. 이 프로그램의 목표는 고객 유지율을 향상시키기 위해 고객의 충성도를 보상하는 것이다. 고객이 더 많이 구매하거나 더 오래 머무를수록 더 많은 포인트를 얻도록 프로그램을 설계할 수도 있다. 비누, 향수와 같은 미용 제품을 판매하는 구독 서비스인 센시닷컴(Scentsy. com)은 이러한 종류의 보너스 포인트 프로그램을 시작하여 고객에게 1달러당 1포인트를 제공한다.

▲ 미용 제품 구독 서비스 센시닷컴(출처: Scentsy.com)

혜택 프로그램

혜택 프로그램Benefit Program은 고객이 제품이나 서비스를 구독하고 있
기 때문에 고객에게만 혜택과 특권을 제공하는 방법으로, 구독 서
비스 제공 업체에서 직접 혜택을 제공할 수 있지만 외부 회사와 파
트너십을 맺는 경우가 일반적이다. 혜택 프로그램은 신문 판매업에
서 구독 판매를 유도하는 수단으로 잘 알려져 있다. 영국 신문 데일
리 텔레그래프The Daily Telegraph는 모든 가입자에게 "가입자 특전 카드
Subscriber Privilege Card"를 제공하고 있다. 카드 보유 회원은 데일리 텔레
그래프가 제휴한 호텔, 극장, 공항 라운지 등에서 할인 혜택을 받을
수 있다.

▲ 텔레그래프에서 구독 회원에게 제공하는 혜택(출처: The Daily Telegraph)

4단계: 수익 확대

업셀링(상향 판매)

실제로 많은 구독 비즈니스의 경우 수익을 늘리는 가장 빠른 방법은 현재 구독자가 제품 또는 서비스에 소비하는 금액을 늘리는 것이다. 보통 구독 비즈니스 모델은 브론즈, 실버, 골드 등 복수의 요금제도를 운영하고 있기 때문에 브론즈 고객을 실버나 골드 고객으로 업그레이드하도록 유도하여 업셀링up selling 할 수 있다면 매출 증가에 도움을 줄 수 있다. 드롭박스의 경우, 베이직은 2GB를 무료로 이용할 수 있고, 플러스는 월 9.99달러를 내면 2TB를 이용할 수 있으며, 프로페셔널은 월 16.58달러를 내면 3TB의 용량을 이용할 수 있다. 이때 이용 중인 서비스의 저장 용량이 꽉 찬 고객들에게 서비스 업그레이드를 권유할 수 있다.

크로스셀링(교차 판매)

크로스셀링cross selling은 고객에게 추가 제품을 제안하여 판매를 늘리는 판매 방식으로, 고객에게 제공되는 추가 제품이나 서비스가 고객이 느끼는 효용성을 향상시키는지 확인하는 것이다. 이를 위해서는 크로스셀링 전략을 캠페인 계획에 통합해야 하며, 고객에게 크로스셀링 방식을 수행할 방법과 시기를 동일하게 지정해야 한다. 달러쉐이브클럽은 면도날로 성공한 후 새로운 제품 영역으로 이동하여 오랄케어, 스킨케어, 헤어스타일 등 크로스셀링 전략을 시도하고 있다.

5단계: 고객 윈백

구독 비즈니스 업체에게는 낮은 이탈률을 유지하는 것이 중요하다. 구독 서비스를 이탈하는 경우 그 자리를 메꾸기 위해 새로운 고객을 찾기보다는 잃어버린 이탈 고객을 되찾아오는 윈백 전략이 필요하다. 구독 서비스 업체 입장에서는 서비스를 해지한 고객들에게 다시 접근하는 것이 마치 1년 전 헤어진 연인에게 연락하는 것처럼 어렵게 느껴질 수도 있다. '오랜만에 연락했다가 마음의 상처만 입으면 어떻게 하지', '이미 다른 서비스를 잘 이용하고 있을 텐데 그냥 새로운 고객을 찾아보는 것이 더 좋지 않을까' 하고 말이다.

하지만 연구에 따르면 새로운 고객을 찾는 것보다 이전 고객에게 다시 집중하는 것이 훨씬 효과적이라고 나타났다. 조지아 주립대 V. 쿠마르 V. Kumar 교수는 윈백 전략의 중요성을 강조하면서 다음과

NETFLIX

지금은 넷플릭스에 다시 가 입 할 때!

당신이 자리를 비운 사이 업데이트된 핫한 콘텐츠가 궁금하지 않으세요? 넷플릭스 오 리 지 널 시리즈를 포함한 다양한 신규 콘 텐 츠와 인기 콘텐츠가 준 비 되 어 있습니다. 지금 넷플릭스로 돌 아 오 셔 서 더 풍 성해진 콘텐츠를 감상하세요!

Netflix 다시 시청하기

▲ 넷플릭스의 윈백 프로모션 메일 (출처: 넷플릭스)

같이 3가지 이유를 근거로 제시했다.[24] 첫째, 탈퇴한 고객이 이미 해당 서비스에 대해 관심을 가지고 필요로 한다. 둘째, 신규 고객과는 달리 탈퇴한 고객에게는 본 서비스의 가치나 장점, 브랜드에 대해서 다시 일일이 설명할 필요가 없다. 셋째, 이미 해당 고객이 무엇을 좋아하고 어떤 행동을 했는지에 대한 데이터를 확보하고 있기 때문에 신규 가입자들에 비해 더 효과적인 제안을 제시할 수 있다.

해외 통신회사에서 몇 년간 이탈한 고객 5만 3000명을 대상으로 실험한 결과 재가입 고객들의 평균 고객생애가치Customer Lifetime Value는 첫 서비스 가입 기간 1262달러에 비해 148달러나 증가한 1410 달러를 기록했다고 한다. 물론 모든 이탈 고객을 다시 찾아올 수는 없다. 업체는 고객 이탈 시 탈퇴 이유와 미래의 예상 가치를 모두 사용하여 이전 고객을 분류하고 이들에게 적합한 제안을 제시할 수 있다. 예를 들어 가격에 불만을 품고 떠난 고객군에게는 6개월간 할인 혜택을 제시하거나 서비스 때문에 해지한 고객에게는 업그레이드 제안을 제공하면 이들이 다시 돌아올 확률이 높다. 또한 이전 고객에게 연락할 시기와 빈도, 보낼 메시지 및 사용할 판매 채널을 결정해야 한다.

24 V. Kumar, Yashoda Bhagwat, and Xi (Alan) Zhan, "Regaining "Lost" Customers: The Predictive Power of First-Lifetime Behavior, the Reason for Defection, and the Nature of the Win-Back Offer", *Journal of Marketing*, 79(4), 2015. 7.

생리 용품 구독 서비스, '먼슬리씽 Monthly Thing'

먼슬리씽은 개인마다 다른 생리 주기에 맞춰 본인이 원하는 생리용품을 정기 배송 서비스로 받아 볼 수 있는 개인 맞춤형 구독 서비스다. 생리 다이어리에 기록된 생리 데이터를 바탕으로 생리 예정일에 맞게 자동으로 배송일을 설정하여 집으로 정기 배송해줌으로써 생리 기간을 관리하고, 생리 시작일의 불필요한 구매 비용을 줄여주는 특별한 가치를 제공한다. 또한 신규 가입자에게는 무료 생리대를 신청해서 자신에게 맞는 생리대를 찾아가는 고객 경험도 제공하고 있다.

먼슬리씽을 서비스하는 씽즈 이원엽 대표의 창업 동기는 특별하다. 이 대표는 결혼을 준비하던 중 아내가 2주 정도 하혈을 해서 산부인과를 방문했고 자궁근종이 7cm 정도 자라 내벽을 찌르면서 발생한 것을 알게 되었다. 생활습관이 자궁근종의 주요한 원인이긴

▲ 생리 주기 맞춤 생리 용품 배송 서비스를 제공하는 먼슬리씽 (출처: 먼슬리씽 홈페이지)

하지만, 어떤 여성용품을 사용하는지가 근종의 성장 속도에 영향을 끼친다는 사실을 깨달으면서 다양한 여성 질환을 막기 위해서는 여성용품을 활용해 주기적인 관리가 필요하다는 사실도 알게 되었다. 이러한 문제를 해결하기 위해 이 대표는 직접 창업을 결심하게 된다.

먼슬리씽 모바일 앱은 10만 다운로드를 기록하였고 매달 5000명의 사용자가 구독자로 전환되고 있다. 먼슬리씽은 개인 맞춤형 생리 관리 플랫폼으로 진화하기 위해 제품, 서비스, 콘텐츠를 큐레이션하는 추천 모델을 개발하고 있으며 생리 다이어리를 필두로 다국어 버전으로 출시하여 글로벌 시장에 진출할 계획을 가지고 있다. 주요 관리 지표는 신규 가입자들의 월 유료 전환율과 월 이탈률, 그리고 월 신규 가입자 수로 제품마다의 특성이 모두 다르기 때문에 사용자의 이용 패턴을 파악하기 위해 노력하고 있다. 향후 과제는 고객이 보유한 제품의 수량 체크, 생리 주기의 정확성을 고도화하는 것이다.

1단계: 비즈니스 모델 수립 전략

먼슬리씽의 비즈니스 모델을 '가치 제안'과 '가격'이라는 2가지 측면에서 살펴보자. 먼슬리씽은 개인마다 다른 생리 주기에 맞춰 생리용품을 정기 배송함으로써 사용자의 불편함을 제거하는 가치를 제공하고 있다. 또한 큐레이션 모델을 통해 제품을 추천받고 실제 사용자들이 작성한 생생한 후기를 통해 내게 맞는 제품을 찾을 수 있다.

또한 먼슬리씽이 일반 사용자가 아닌 생리대 제조 업체에 제공하는 가치는 타깃 고객군의 지속적인 정기 구매 데이터이다. 전통적인 유통은 일회성으로 유통사에서 판매 후 재구매를 위해 다양한 활동을 해야 하지만, 제조 업체는 먼슬리씽을 통해서 고객 만족도, 고객 연령대, 고객 구매 패턴 등을 분석하여 정기 배송자의 재구매율 상승을 위한 제품 추천 기능을 제공받게 된다. 먼슬리씽과 제휴한 생리대 제조 업체는 고객과의 제품 매칭을 통해 매출을 증대할 수 있을 뿐만 아니라 더 나은 제품을 개발하기 위해 중요한 고객 데이터를 확보할 수도 있다.

가격 측면에서 보면 먼슬리씽은 파트너사와의 직접 계약을 통해 인터넷 최저가보다 5% 저렴한 가격(1패키지 낱개 기준)으로 제공하고 있어 일회성 구매에 비해 가격 경쟁력을 가지고 있다. 사용자가 사용하는 생리 다이어리의 생리 데이터와 제품, 구매 데이터를 활용해 먼슬리씽만의 자체 추천 알고리즘을 개발하고 제품 추천 챗봇을 통해 내게 맞는 생리대 제품을 추천받을 수 있다.

2단계: 신규 고객 확보 전략

먼슬리씽은 여성들이 자주 방문하는 인터넷 카페를 대상으로 바이럴 마케팅과 소셜미디어 광고를 통해 주 타깃층인 15~23세 가임기 여성들에게 다가갔다. 이를 위해 페이스북, 인스타그램, 유튜브 등 다양한 채널을 통해 고객과의 소통을 시도하고 있다. 특히 먼슬리씽 유튜브 채널은 생리대 및 여성 제품들의 구성 성분, 제품 특징 등의 정보를 제공하는 여성연구소를 비롯하여 생리대 정기 배송에 대한 궁금한 정보도 공유하며 고객과의 소통에 주력하고 있다.

먼슬리씽의 신규 고객 확보 전략은 무료 사용 후 유료 회원 전환으로 신규 구독자를 확보하는 프리미엄 Freemium 전략을 구사하고 있다. 먼슬리씽에서 무료 샘플로 제품을 체험한 사용자 중 20%가 구매로 넘어온다. 현재 무료 샘플은 생리대뿐만 아니라 여성용품 전반으로 확대하고 있다. 먼슬리씽에서 회원 가입하고 생리 다이어리와 제품을 구매하면 먼슬리씽만의 큐레이션 모델을 통해 제품, 서비스, 콘텐츠를 개인 맞춤형으로 추천받을 수 있다.

3단계: 고객 로열티 강화 전략

먼슬리씽은 로열티 강화를 위해 정기 배송 고객의 경우 1만 원 이상 구매 시 무료 배송해 주고 있으며, 구매 금액의 5%를 적립금으로 지급한다. 새로운 제품에 대한 체험이 필요한 고객은 '후기단'을 신청하여 무료로 제품을 체험하고 제품 후기를 남기면 적립금을 제공받을 수 있다. 먼슬리씽은 고객 이탈률을 줄이기 위해 고객이 필요한 수량만큼만 정기 배송을 받을 수 있도록 생리대 사용량을 체크하고 있다. 고객이 직접 사용한 수량을 입력하면 구매한 이력을 바탕으로 필요한 수량만큼만 정기 배송받을 수 있도록 시스템을 제공한다.

4단계: 수익 확대 전략

먼슬리씽은 수익 확대를 위해 생리대뿐만 아니라 연관된 다양한 제품을 판매하는 크로스셀링 전략을 시도하고 있다. 먼저 가임 및 피임 카테고리에서는 콘돔, 임신 테스터, 배란 테스터 등을 판매하고 있으며, PMS Physiological Status Monitoring(생리전증후군)를 완화하는 건강보조식품 및 여성용품 등을 판매하고 있다. 앞으로 건강보조식품 영역과 여성의 생리 라이프스타일을 관리하는 헬스케어 제품 라인업을 확대한 업셀링을 지속적으로 진행할 예정이다. 또한 생리량, 선호 제품, 사이즈, 구매 정보 등 데이터를 기반으로 라이너, 탐폰, 오가닉 등 개인에게 맞는 다양한 생리용품을 추천해 주는 기능을 추가할 예정이다.

5단계: 고객 윈백 전략

먼슬리씽은 서비스를 해지한 이탈 고객들의 마음을 되돌리기 위해 고객과의 접점인 모바일 앱 서비스의 완성도를 높이는 작업을 가장 중요시하고 있다. 이를 위해 사용자의 불편함을 담은 피드백을 정리하여 3주 내의 빠른 업데이트 주기를 설정하고, 불편 사항 등을 개선하는 작업을 하고 있다. 이를 통해 기능과 성능 개선은 물론 구매를 유도하는 쿠폰 발행, 이벤트, 여성용품 후기단 등의 구매를 돕는 활동을 제공하고 있다. 이 대표는 구독 비즈니스 모델을 운영함에 있어 구매한 제품의 잔여 수량이 남아 있지 않도록 정확한 배송 시점을 찾는 것이 매우 중요하다고 강조한다. 또한 고객의 피드백을 잘 경청하는 것도 구독 비즈니스 모델에 있어 매우 중요한 요소라고 말한다. 사용자의 피드백을 기반으로 다양한 업종으로 확장했을 때 리스크를 줄일 수 있기 때문이다.

구독 비즈니스 모델 운영을 위한 6가지 성공 법칙

첫째, 가치와 퀄리티를 함께 제공한다

우리 속담 중에 "구슬이 서말이라도 꿰어야 보배다"라는 말이 있다. 재료가 아무리 좋아도 활용하는 기술이 더해지지 않으면 무용지물이라는 뜻인데 구독 비즈니스 모델 역시 이용할 만한 가치가 부족하거나 퀄리티가 떨어진다면 이용할 이유가 없다.

예를 들어 양말을 정기적으로 구독하는 고객이라면 나를 돋보이게 하는 감각적인 양말을 정기적으로 배송받는 부분은 만족하지만 몇 번만 세탁기에 넣어도 금방 구멍이 나거나 땀이 많이 찬다면 아무리 가격이 저렴하고 디자인이 좋아도 다시는 양말 구독 서비스를 이용하지 않을 것이다. 따라서 양말 구독 서비스를 제공하는 업체라면 시중에서 쉽게 구할 수 없고 너무 튀지 않으면서 감각적인 디자인을 가진 품질 좋은 패션 양말을 저렴한 가격으로 제공해야 고객의 선택을 받을 수 있다. 또한 고객이 양말 디자인을 선택할 수 있고 스판덱스나 순면 등 소재를 선택하는 등 개인 맞춤형 서비스와 같이 오프라인 매장에서는 제공할 수 없는 차별화된 가치를 제공해야 한다. 그렇지 않다면 고객은 더 이상 양말 구독 서비스를 이용할 이유가 없을 것이다. 따라서 구독 서비스 업체는 경쟁사가 도저히 따라할 수 없는 차별화된 가치를 제공해야 한다.

둘째, 명확한 가격 정책을 제시한다

구독 비즈니스의 대부 격인 넷플릭스는 베이식 월 9500원, 스탠다드 월 12,000원, 프리미엄 월 14,500원 등 총 3개의 가격 옵션을 제공하고 있다. 가격별 차이점은 해상도와 동시 접속 가능 인원이다. 보통 가입 때 첫 1개월은 무료로 이용할 수 있으며, 언제든지 취소 가능하다. 1개월 무료 이용 도중 취소해도 1개월은 무료로 이용할 수 있다. 제공되는 영상은 요금제에 상관없이 영화, TV 시리즈, 넷플릭스 전용 시리즈 등을 포함해서 약 7만여 편에 달한다. 포털 사이트에서 11편짜리 드라마를 보려면 편당 1500원 정도를 결제해야 한다. 11편이면 총 16,500원을 결제해야 한다. 일반 사용자라면 넷플릭스나 왓챠플레이와 같은 OTT_{Over The Top} 서비스를 이용하는 것이 훨씬 저렴하다는 것을 금방 파악할 수 있다.

	베이식	스탠다드	프리미엄
월 요금	9,500원	12,000원	14,500원
HD 화질 지원	✕	✓	✓
UHD 화질 이용가능	✕	✕	✓
동시접속 가능 인원	1	2	4
노트북, TV, 스마트폰, 태블릿으로 시청	✓	✓	✓
영화와 TV 프로그램 무제한 시청	✓	✓	✓
언제든 해지 가능	✓	✓	✓

HD 및 UHD 화질 이용 가능 여부는 인터넷 서비스 공급업체스 지원 여부에 따릅니다. 모든 콘텐츠가 HD 화질이나 UHD 화질로 제공되지는 않습니다. 기 세한 내용은 이용 약관을 확인하세요.

다음

▲ 넷플릭스 요금제 (출처: 넷플릭스)

168

셋째, 지속적으로 서비스를 개선해야 한다

구독 서비스가 선택을 받기 위해서는 고객에게 제공하는 오퍼링을 지속적으로 개선해야 한다. 넷플릭스는 지상파나 다른 OTT 서비스에서 볼 수 없는 넷플릭스 오리지널 제작에 심혈을 기울이고 있다. 2012년 처음 선보인 오리지널 콘텐츠인 '하우스 오브 카드'가 인기를 끌면서 넷플릭스는 매년 700여 편의 자체 드라마 및 영화 시리즈를 제작하고 있으며 2018년의 경우 80억 달러를 콘텐츠 제작에 투입하였다. 넷플릭스는 오리지널 시리즈를 통해 디즈니 플러스 등 경쟁 서비스로의 이탈을 방지하고 있다. 제품 경제의 경우 판매가 고객과의 관계의 마지막 부분이지만 구독경제의 경우 판매가 곧 서비스의 시작점이다. 고객들의 마음을 사로잡기 위해서는 오랜 시간이 걸리는 대대적인 업데이트보다는 작은 기능을 수시로 빠르게 오픈하는 것이 바람직하다.

▲ 넷플릭스 대표 오리지널 시리즈, 하우스오브카드 (출처: 넷플릭스)

구독 비즈니스 모델은 강력하고 지속적인 고객 관계에 의존한다. 고객이 구독 서비스에 만족스럽지 않거나 서비스가 정기적으로 제공하는 가치를 상실하게 되면 고객은 구독을 취소하게 된다. 높은 이탈률은 구독 서비스 업체에는 치명적이다. 이를 방지하기 위해서는 오랫동안 고객을 유지하는 데 집중해야 한다.[25] 뉴욕타임스가 'Smarter Better' 가이드를 제공하고, 팟캐스트 채널을 개설하고 모바일 앱에 'Your Feed'를 개설한 것도 디지털 구독자들에게 관계적 가치를 제공하기 위해서라고 할 수 있다.

일반적으로 구독은 고객과 지속적인 관계를 맺고 전통적인 소매업체/소비자 참여의 규칙을 재정의할 수 있는 기회를 제공한다. 구

▲ 뉴욕타임스에서 제공하는 팟캐스트 서비스 (출처: The New York Times)

---

25 Severin Friedrich Bischof et al., "Curated Subscription Commerce A Theoretical Conceptualization", *Journal of Retailing and Consumer Services*, 2019. 5.

독은 일회성 거래를 넘어서 고객과 파트너십과 같은 관계적 가치를 만들어 낼 때 지속될 수 있다. 앞으로 어떤 콘텐츠가 어떤 품질로 제공될지 불확실한 상황에서 지불의사를 지속시키기 위해서는 수용자들과 함께 호흡할 수 있는 관계적 가치를 꾸준하게 제공해야 한다. 그러려면 고객 입장에서 독자들의 요구사항을 관찰하고 관리해야 하며 대응하고 수용해야 한다.

특히 디지털네이티브 세대는 개인화된 서비스와 실시간 경험을 기대한다. 구독 가입자는 서비스 제공 업체를 쉽게 전환할 수 있기 때문에 구독자의 충성도를 얻기 위해서는 구독 서비스 업체는 지속적으로 가치와 기억에 남는 서비스를 지속적으로 제공해야 한다.

다섯째, 개인 맞춤 서비스를 제공한다

맥킨지 보고서에 의하면 고객들이 구독 서비스를 이용하는 가장 큰 이유로 '개인화되고 특별한 사용 경험'을 얻기 위해서라는 답변이 가장 많았다.[26] 따라서 구독 서비스 업체는 데이터와 통찰력을 통해 고객이 원하는 콘텐츠와 원하는 가격, 원하는 서비스를 적시에 제공해야 한다. 핀란드 헬싱키경제대학의 베사넨Vesanen은 개인화 서비스를 크게 5가지로 구분하여 제시하였다.[27]

26 Tony Chen, Ken Fenyo, Sylvia Yang, and Jessica Zhang, "Thinking inside the subscription box: New research on e-commerce consumers", Mckinsey&Company, 2018.

27 Jari Vesanen, "What is personalization? A conceptual framework", *European Journal of Marketing*, 2007.

1. **세그먼트 개인화**: 가장 기초적인 수준의 개인화로 고객의 연령이나 성별, 선호도에 맞는 제품과 서비스를 제공하는 방식
2. **선택적 개인화**: 고객에게 선택할 수 있는 다양한 옵션을 제공하는 방식
3. **코스메틱 개인화**: 같은 제품을 패키지화하거나 기존과 다른 순서로 제공하는 방식
4. **투명적 개인화**: 기존의 구매 히스토리에 기반하여 새로운 제품이나 서비스를 제안하는 방식
5. **협업적 개인화**: 고객과 기업이 같이 협동하여 고객이 원하는 제품이나 서비스를 맞춤 형태로 제공하는 방식

영화 분야에서 넷플릭스의 개인화 서비스가 유명한 것처럼 음악 분야에서는 스포티파이가 개인화 서비스를 가장 잘하는 기업으로 손꼽히고 있다. 스포티파이는 2014년 머신러닝을 이용한 음악 분석 기술 기업인 '에코 네스트'를 인수하고 사용자의 음악 취향을 고려한 맞춤 서비스를 제공하기 위해 노력해 왔다. 스포티파이는 매주 월요

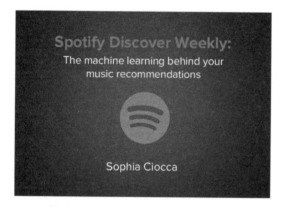

▲ 스포티파이 'Discover Weekly' (출처: Spotify)

일 사용자의 취향을 고려한 30곡의 추천 리스트를 담은 'Discover Weekly'를 제공하고 있다.

여섯째, 상시적인 이탈률을 관리한다

기업 입장에서는 새로운 고객을 유치하는 것보다는 기존 고객을 유지하는 비용이 더 적게 들기 때문에 기존 고객을 유지하면서 새로운 고객을 추가하면 더 큰 이익을 창출할 수 있다. 실제 조사결과에 따르면 고객 유지율이 5% 가량 증가하면 수익은 25% 이상 증가하는 것으로 나타났다. 이처럼 구독 비즈니스 모델의 핵심은 기존 고객의 이탈을 관리하고 최소화하는 것이다. 이탈률은 구독 서비스

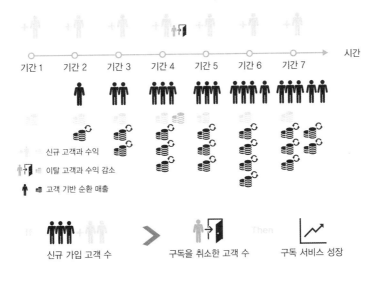

▲ 이탈률 관리 프로세스 (출처: www.acronis.com)

173

제공 업체가 가장 관심을 가지고 관리해야 하는 핵심 KPI_{Key Performance} Indicator 중 하나로 서비스 업체는 특정 기간 동안 구독을 취소한 고객 수를 확인하고 월별 변동수치를 유심히 살펴봐야 한다. 팬더의 CEO 앤디 무니가 "정기 구독 서비스의 이탈률을 10%만 감소시켜 도 시장 크기를 두 배로 늘릴 수 있다"고 말한 것처럼 이탈율을 감 소시키는 것은 구독 서비스 업체의 중요한 KPI 중 하나다.

이탈률 산출 방식은 업체마다 비즈니스 특성이 존재하기 때문에 여러 가지이며 정답은 없다. 실제로 넷플릭스의 경우 지나치게 낮 은 이탈율 산정 방식으로 주주들에게 고소를 당하기도 했다. 보통 은 특정 기간 동안 손실된 고객 수를 특정 기간의 시작 시점에 보유 한 고객 수와 새로 가입한 고객을 더한 값으로 나눈 다음 100을 곱 한 후 나온 값을 확인하면 된다.

예를 들어 3월 기점으로 보유한 고객수가 30,000명이고 이 달에 신규 가입자수가 600명, 그리고 이탈 고객이 150명이라면 150명 을 30,600명으로 나눈 백분율 값인 월간 이탈율은 0.49%다. 일반 적인 경우 구독 서비스의 월간 이탈률은 6~8%대로 알려져 있다. 여기서 보유 고객 수를 어떻게 정의하느냐, 신규 구독자 중에서 한 달이 채 안 돼 이탈한 고객은 커스터머 데이_{customer day}를 어떻게 계 산하느냐에 따라 이탈률은 달라질 수 있다. 정확한 이탈률 산정 공 식은 존재하지 않기 때문에 기업마다 각자의 특성을 반영하여 사용 하면 된다.[28]

---

28 Michał Jędraszak, "Subscription Business Handbook: An Executive's Guide to the Sub-
scription Market", Straal, 2019.

많은 구독 서비스 제공 업체들은 낮은 이탈률을 꿈꾸지만 현실적으로는 쉽지 않다. 기존 가입자들은 서비스에 실망해서, 더 이상 볼 만한 콘텐츠가 없어서, 정해진 기간을 준수하지 않아서 등 다양한 이유로 구독 서비스를 종료하기 때문이다. 하지만 신규 고객을 확보하는 것보다 기존 고객을 유지하는 것이 훨씬 비용이 적게 들어가기 때문에 구독 서비스 업체들은 이유 여하를 막론하고 기존 고객을 유지함으로써 이탈률을 낮추기 위해 노력해야 한다. 이탈률을 낮추기 위한 3가지 방안을 제시한다.

① 효율적인 온보딩 전략

온보딩   이란 신입 사원이 새로운 직장에 잘 적응할 수 있도록 돕는 의미지만, 여기서는 사용자들이 새로운 인터페이스에 적응하도록 단계별로 가르치거나 아주 간단한 인트로를 제공하여 이용자들이 지속적으로 서비스를 이용하도록 돕는 것을 의미한다. 예를 들어 신규 회원이 가입했을 경우, 웰컴 이메일과 함께 서비스 이용에 대한 정보 및 교육 콘텐츠와 빠르고 편리한 고객 서비스를 제공하여 고객들이 빨리 본 구독 서비스에 적응하도록 도와야 한다.

② 신속하고 지속적인 피드백 요청

고객이 서비스에 가입 시 바로 서비스 이용에 대한 피드백을 요청해야 한다. 이를 통해 고객은 회사가 자신의 목소리를 경청하고 있다고 생각하고 해당 서비스에 대한 좋은 이미지를 가지게 된다. 업체 입장에서도 서비스 개선에 대한 인사이트를 얻을 수 있다. 따라서 피드백 루프를 계속 진행하면 제품의 성능을 파악하고 고객이 제품 사용 경험에 대해 어떻게 느끼고 있는지를 파악할 수 있다.

③ 탈퇴 이유 조사

시간이 지나면서 고객 이탈은 불가피하지만 그렇다고 어쩔 수 없다고 생각하고 완전히 포기해야 하는 부분은 아니다. 서비스를 이용하던 고객이 어느날 구독 서비스를 해지하면 그 이유를 조사하고 보완하여 다른 고객들이 이탈하는 것을 사전에 막아야 한다.

디지털네이티브 브랜드는
어떻게 성공하였는가?

1장
제품 기반의 디지털네이티브 브랜드

안경의 유통 구조를 혁신한 '와비파커 Warby Parker'

안경 브랜드인 와비파커는 창립 멤버인 데이브 길보아 Dave Gilboa가 태국 여행 중 안경을 잃어버리면서 안경을 구매하는 과정에서 생긴 경험으로부터 아이디어가 나왔다. 새 안경을 사기 위해 매장을 방문했는데 안경 가격이 너무 비싸서(미국 평균 안경 가격 263달러) 구입을 포기하고 안경 없이 한 학기 동안 불편하게 보내게 되자 같이 수업을 듣던 와튼스쿨 Wharton School 친구들이 안경 유통 구조를 조사하게 되면서 창업하게 되었다.

조사 결과 이탈리아 '룩소티카 Luxottica'가 사실상 안경 시장을 지배하고 있다는 사실을 발견했다. 실제로 룩소티카는 레이밴 Ray-Ban, 오클리 Oakley 등을 비롯해 샤넬 Chanel, 프라다 Prada 같은 50여 개 브랜드의 명품 안경테와 선글라스까지 모두 독점하고 있었다. 여러 브랜드의 사용권을 한 회사에서 독점하면서 안경이 고가에 판매되고 있었던 것이다. 레이밴의 경우 20달러에 불과했던 안경이 1999년에

▲ 와비파커 (출처: Warbyparker)

룩소티카가 인수한 후 150달러로 7배 이상 상승하였다. 와비파커의 창업자들은 안경테 제조원가가 높지 않고 대량생산이 가능하며 플라스틱재질인 데다 제작공정이 복잡하지도 않은데 굳이 비쌀 이유가 없다고 판단하였다. 룩소티카의 높은 마진율도 문제였지만 백화점 및 전문몰 등의 안경 유통 구조도 가격 상승요인이었다. 중간단계를 줄이고 좋은 품질의 안경을 고객에게 직접 전달한다면 충분히 저렴한 가격에 안경을 판매할 수 있다고 판단하여 2010년 와비파커를 설립하였다.

회사명인 와비파커는 잭 케루악Jack Kerouac의 미발표 소설 속 주인공 와비페터와 잭파커의 이름을 따 지은 것이다. 푸른색의 로고는 갈라파고스섬에 사는 '푸른발부비Blue-footed Boobies'라는 새의 발에서 따 왔다. '사업은 진지하게 생각하지만 회사의 이미지는 가볍게 표현하고 싶었다'라는 의미로, 다소 엉뚱하게 생긴 외양과 우스운 이름 때문에 사람들의 호기심을 자극하고 기억에 남아 와비파커를 상

징하는 이미지로 채택되었다.[1]

와비파커는 누구에게나 필수품인 안경이 아이폰만큼 비쌀 이유가 없다고 생각했다. 그에 따라 좋은 품질의 안경을 혁신적인 가격으로 제공하고자 디자인부터 제조·판매까지의 과정을 단순화하여 가격의 거품을 뺐다. 안경테를 직접 디자인해 라이선스 비용을 줄인 것은 물론 중간유통 단계를 거치지 않고 제조 업체에서 안경을 직접 공급받아 인터넷으로 직접 판매하는 방식을 선택하였다. 이탈리아에서 자재 주문 후 중국공장에 프레임 제작 아웃소싱을 맡기고 있으며 뉴욕 물류센터를 통해 고객에게 배송한다.

제조 과정을 단순화하고 인터넷으로 판매하여 일반적으로 300~400달러 이상이나 하는 안경 가격을 95달러까지 낮춰 책정하였다. 95달러 가격은 '소비자가 매력적으로 느끼는 가격'을 기준으로 산

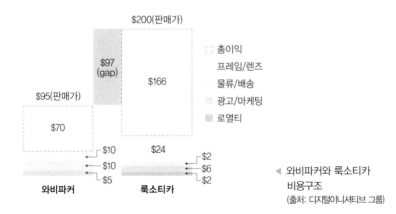

▪ 와비파커와 룩소티카
비용구조
(출처: 디지털이니셔티브 그룹)

---

1 〈와비파커: 성공의 공식, 공식의 성공〉, 네이버레터, 2016. 3. 4.

정하였다. 가격저항선을 조사한 결과 고객들은 100달러가 넘으면 비싸다고 생각하였다. 하지만 100달러 이하로 맞추기 위하여 99달러로 책정하면 '싸구려', '할인제품'이라는 이미지를 고객에게 심어 줄 수 있었다. 결국 '95'라는 숫자가 매력적일 것이라고 판단하여 4달러의 이익을 포기하면서 가격을 맞췄다.

가격이 저렴하다고 결코 품질이 떨어지지 않는다. 뿔테의 경우 대부분의 명품 안경 브랜드가 사용하는 셀룰로스 아세테이트 같은 고급 소재를 사용하였으며, 디자인 또한 150년 전통을 가진 이탈리아 가죽 회사와의 협업을 통해 세련된 디자인의 고품질 안경을 생산하고 있다.

그러나 이미 많은 업체들이 저렴한 가격으로 안경을 판매하고 있는 상황에 신생 스타트업이 가격 하나로만 기존 업체와 경쟁하기에는 한계가 있었다. 와비파커는 저렴한 가격과 더불어 인터넷으로 안경을 구매하는 과정에서 고객이 느끼는 불편함을 해결해 주는 차별화된 구매 경험을 제공하고 있다. 인터넷으로 판매하기 때문에 직접 써 볼 수 없다는 한계를 극복하기 위하여 집에서 자신이 원하는 안경을 직접 써 본 후 구매할 수 있는 체험 서비스인 '홈트라이온'을 도입하였다.

고객이 인터넷에서 성별이나 취향 등 7가지 문항의 퀴즈에 답변을 하면 퀴즈 답변에 따라 사용자의 취향에 맞는 여러 안경을 제안한다. 제안한 안경 중에서 맘에 드는 안경 5개를 선택하면 체험할 수 있는 안경테를 집으로 배송해 준다. 5일간 집에서 안경테를 자유롭게 써 본 후 마음에 드는 안경이 있는 경우, 인터넷에 시력검사

Home Try-On

Select 5 frames to test out for 5 days and
we'll ship them to you—for free!

▲ 와비파커 홈트라이온(출처: Warbyparker)

결과와 눈 사이 거리 등을 입력하면 2주 뒤 맞춤 제작된 안경을 받
을 수 있다. 안경이 마음에 들지 않는 경우 반품하면 되는데 반품
비용은 무료다.

홈트라이온은 오프라인에서 안경을 구매할 때처럼 고객들이 다
양한 디자인의 안경을 충분한 시간을 가지고 체험할 수 있도록 한
것이다. 또한 안경을 선택하는 과정에서 혼자 고민하기보다는 가족
과 친구들의 의견을 물어보기 위하여 안경 착용 모습을 공유할 수
있게 하여 자연스럽게 바이럴 효과가 일어나도록 하였다.

와비파커는 고객들이 안경을 착용한 사진이나 동영상을 소셜미
디어에 올리도록 적극적으로 유도하고 있다. 안경을 착용한 사진이
나 동영상을 "#WarbyParker, #WarbyHomeTryOn"이라는 해시
태그를 달아 소셜미디어에 게재하면 와비파커 전담팀이 감사의 댓
글을 달고 진정성 있게 의견을 달아 조언해 준다. 고객이 자발적으
로 올린 착용 인증 포스팅을 통하여 오프라인 매장에서처럼 고객과

Warby Parker #warbyhometryon
amyvoges · 조회수 1.1천회 · 4년 전
Hey guys, just filmed a quick video to see which glasses I should get. Feel free to let me know which ones you liked, or hated, or if ...

Warby Parker Home Try On #Unboxing Help Me Decide!! #WarbyHomeTryOn
WomanlyWoman.com · 조회수 432회 · 4년 전
Blog Post: Warby Parker Home Try On Unboxing Help Me Decide!! http://bit.ly/1NnlpOp Warby Parker Home Try-On . .

Warby Parker #warbyhometryon
Taylor Wagner · 조회수 354회 · 4년 전
Time for ordering new glasses! Let me know what you think :)

Warby Parker | #WarbyHomeTryOn Advice
WarbyParkerHelp · 조회수 1.3천회 · 4년 전
Kirsten gives @MsThornEGemcity her opinion on what frames look best and suggest some other styles she might want to try.

▲ 와비파커 유튜브 #WarbyHomeTryOn 동영상 (출처: 유튜브)

보다 친밀감 있게 대화를 통한 상담을 할 수 있게 되었으며 다양한 소셜미디어 노출을 통하여 별도의 마케팅 비용을 들이지 않고 바이럴되는 효과까지 함께 얻게 되었다. 더불어 구매까지 연결되고 있다. 조사 결과 홈트라이온 사진이나 동영상을 게재한 고객의 50%가 안경을 구매한 것으로 나타났다.

와비파커는 2013년에 뉴욕에 오프라인 매장을 개설하였다. 오프라인 쇼룸은 다양한 안경테의 디자인을 직접 보고 착용할 수 있을 뿐만 아니라 인터넷으로 예약하면 무료로 시력과 눈 사이 거리를 측정할 수 있다. 측정 데이터는 온라인에 저장되어 고객이 인터넷으로 구매 시 이용할 수 있게 하고 있다. 또한 매장에서 홈트라이온 인증사진을 찍을 수 있는 별도의 부스를 마련해 안경을 착용하고 사진을 찍어서 인쇄하거나 이메일 및 소셜미디어로 공유할 수 있게 하였다.

　오프라인 쇼룸은 인터넷이 제공해 주지 못한 체험을 제공하여 구
매 의사결정을 지원하고 고객과 보다 더 친밀감 있는 대화를 할 수
있는 역할을 한다. 이러한 오프라인 매장의 역할은 자연스럽게 온
라인 매출 향상으로 이어졌다. 와비파커가 매장을 가지고 있는 지
역과 그렇지 않은 지역의 성과를 비교한 결과 매장이 있는 지역의
전체 매출이 9% 증가한 것으로 나타났다.

　또한 오프라인 매장은 고객 행동 데이터를 확보하는 역할도 수행
한다. 매장 내 센서로 고객들이 매장을 어떻게 이용하는지를 추적
하여 웹 사이트의 고객 방문 분석과 동일한 지표로 고객을 분석하
여 온·오프라인의 끊김 없는 통합된 경험을 제공하기 위해 노력하

Next-day service

Order in store Monday–Friday by 1:00 p.m., and for
$50, your new prescription eyeglasses will be ready by
the end of the following day (with some limitations).

Measurements and adjustments

We can take any optical measurements needed to
complete your order, and if your frames don't fit
perfectly on arrival, an optician is available for
adjustments.

In-Store Prescription Check

If you're eligible, update your prescription with a 10-
minute series of vision tests. Your results are reviewed
by a doctor in about 24 hours. Learn more.

Returns and exchanges

We have a 30-day, hassle-free return or exchange
policy. Whether you purchased online or in-store, we
can help you out.

Glasses for kids

We've miniaturized some of our favorite frames for our
youngest friends. Starting at $95, including prescription
lenses. Learn more.

Contact lenses

This location carries a variety of contact lenses
(including our very own new brand Scout!) that correct
a range of prescriptions.

▲ 와비파커 오프라인 매장 제공 서비스 (출처: Warbyparker)

고 있다. 2020년 기준으로 현재까지 미국과 캐나다에 120여 개 매장을 오픈했다.

와비파커는 사회적 책임에도 관심이 높아 안경을 구매하지 못한 전 세계의 저소득층에게 안경을 기부하고 있다. 저소득층 7억 명에게 안경을 기부할 경우 생산성은 35%, 월소득은 20% 증가된다는 전문가의 분석에 따라, 안경 보급 자선 운동을 하는 비영리 단체 '비전스프링 VisionSpring '을 통해 안경을 하나 팔 때마다 추가로 한 개 금액을 저개발 국가에 기부하는 'Buy a pair, Give a pair'를 실천하고 있다.

비전스프링은 저소득층을 위해 낮은 가격의 안경을 생산하는 사회적 기업으로 안경을 그냥 나눠 주지 않고 저소득층을 대상으로 판매를 한다. 지역주민들이 자립할 수 있도록 지역주민을 판매원으로 고용하여 시력 검사 방법과 안경 판매 전략 등을 교육시킨 후 현지

BUY A PAIR, GIVE A PAIR

The whole story begins
with you

Since day one, over seven million pairs of glasses have been distributed through our Buy a Pair, Give a Pair program. Alleviating the problem of impaired vision is at the heart of what we do, and with your help, our impact continues to expand.

▲ 와비파커 'Buy a pair, Give a pair' (출처: Warbyparker)

에서 낮은 가격으로 생산하거나 와비파커에서 기부한 안경을 판매한다. 이를 기반으로 안경이 필요한 저소득층이 저렴한 비용으로 안경을 구매할 수 있고 안경 판매를 통해 자립할 수 있게 도와주고 있다.

와비파커는 적극적으로 사회적 책임을 다하기 위하여 사회적 책임 및 지속가능성을 인증하는 B-Lab의 '비콥   '을 인증받았다. 사회적 기준, 기업의 투명성, 환경보호, 재무건전성, 사원들의 임금과 복지, 탄소배출량 등의 조건을 모두 충족시켜야 한다. 와비파커는 사회적 책임에 엄격한 기준을 두어 안경테를 만드는 중국 공장들도 노동조건들을 확인하여 베리떼   인증을 받아야 한다.

이러한 노력으로 와비파커는 고객이 만족하여 추천하는 순수 고객추천 지수인 NPS   지수가 2013년에 88점, 2014년에 91점으로 높은 점수를 받았다. 소비자들의 구매만족도가 높은 코스트코가 82점, 고객들이 열광하는 애플이 72점 수준으로, 디지털 시대 와비파커가 새롭게 팬덤 브랜드로 떠오르고 있다.

2015년에 미국 매체 패스트컴퍼니   가 '가장 혁신적인 기업' 순위를 발표하면서 구글, 애플 등을 제치고 당시 매출 1억 달러에 불과한 와비파커를 1위로 선정하였다. 와비파커가 1위가 된 것은 어느 곳에서 찾아볼 수 없었던 방식으로 수백 년간 변화가 없던 안경 판매 시장을 바꿔 놨기 때문이다.

CEO인 닐 블루멘탈   은 "습관적으로 생각해선 혁신이 이루어질 수 없다. 선입견을 버리고 호기심을 끄집어내 초심자의 마음으로 생각해야 혁신을 끌어낼 수 있다"라고 말했다. 와비파커는 과거의 영광에 머무르지 않고 끊임없는 혁신을 통해 고객들이 원하는 새로운 가치와 경험을 제공하기 위해 노력하고 있다.

소비자들이 공감하고 함께 만들어 가는 화장품 브랜드, '글로시에 Glossier'

화장품 브랜드 글로시에는 2010년에 패션잡지 보그 Vorque의 패션 어시스턴트였던 에밀리 와이스 Emily Weiss가 운영한 뷰티블로그인 'Into The Gloss'에서 시작되었다. 그녀는 회사를 다니면서 보그에서 일했던 경험, 유명인과의 인터뷰, 화장품 사용 경험에 관한 포스팅을 평일에 매일 새벽 4시부터 7시까지 게재하였다. 와이스는 화장품 사용 경험에 관한 솔직한 이야기가 누구나 공감하기 쉽고 유용하고 재미있는 대화의 주제가 될 것 같다는 생각에 착안해 '내가 쓰는 화장품 이야기'라는 주제로 블로그를 구성하였다.

가장 인기있는 코너는 '더 탑 쉘프 The Top Shelf'라는 코너로 사람들이 욕실 선반에 놓고 매일 쓰는 화장품 사진과 그들만의 화장품 사용법 그리고 피부 고민에 대한 솔직한 인터뷰 내용을 담았다. 방송인 킴 카다시안 Kim Kardashian, 메이크업 아티스트인 바비 브라운 Bobbi Brown, 패션모델 칼리 클로스 Karlie Kloss 같은 뷰티 관련 유명인들과의 솔직한 인터뷰와 욕실 사진을 블로그에 게재하였다. 유명인들의 욕실 선반에 샤넬 같은 명품뿐만 아니라 바셀린 Vaseline 같은 대중적인 화장품도 배치되어 있고, 슈퍼모델도 여드름 때문에 고민이 많다는 이야기 등이 공감을 일으키면서 구독자들이 늘어났다. 더불어 구독

▲ 칼리 클로스 '더 탑 쉘프' (출처: Into The Gloss)

자들이 솔직한 인터뷰 내용과 공감 가는 내용들에 자신들의 이야기를 댓글로 공유하기 시작했다. 블로그는 매달 1000만 페이지뷰를 기록하고 구독자 60%는 매일 블로그를 방문할 만큼 성장하게 되었다.

이러한 인기를 기반으로 2014년에 블로그를 운영하면서 파악한 소비자들의 고민과 문제를 담아 디지털네이티브 세대들을 타깃으로 그들이 공감하고 저렴하게 구매할 수 있는 화장품 브랜드인 글로시에를 론칭했다.

글로시에는 초기에 얼굴 미스트Face Mist, 컨실러Concealer, 스킨 연고Skin Salve, 프라이밍 모이스처라이저Priming Moisturizer, 4개의 스킨케어 제품으로 시작했다. 이후 메이크업, 바디케어, 향수 등으로 제품라인업을 확장했다. 가격은 기존 화장품 브랜드들이 고급스럽게 보이기 위하여 프리미엄 가격을 책정한 데 반기를 들고 디지털네이티브 세

▲ 글로시에 (출처: Glossier)

대가 부담 없이 구매할 수 있는 가격으로 책정하였다. 20~30달러
나 하는 기존 스킨케어 제품이나 세트 제품들과 달리 글로시에는
대다수 화장품들을 10달러대로 책정하였다. 이러한 글로시에의 제
품라인업에 열광하며 1만 명이 넘는 구독자들이 신제품 대기자 리
스트에 명단을 올렸다.

글로시에는 상품 컨셉, 컬러, 광고, 쇼룸까지 소비자에게 일관된
브랜드 이미지를 전달하고 정체성을 유지하도록 세심한 부분까지
신경을 쓰고 있다. 글로시에 특유의 연한 핑크색은 '글로시에 핑크'
라고 불릴 정도로 심플하고 간결한 메시지를 전달하고 있어 제품
용기뿐만 아니라 매장 직원 유니폼, 인스타그램 등에 동일하게 활
용되고 있다. 과도한 메이크업이 아닌 메이크업을 한 듯 안 한 듯
최소한의 화장으로 자연스러우면서도 촉촉한 피부를 가진 여성모

델의 이미지는 글로시에가 추구하는 브랜드 이념인 "Less is more"
를 잘 표현해 주고 있다.

은은하게 광이 나는 자연스럽고 건강한 피부를 추구하는 브랜드
답게 제품의 발색 또한 연하고 자연스럽게 보이도록 하였다.[2] 제품
에는 파라벤가 알코올 성분을 사용하지 않으며 동물실험도 절대하
지 않는다. 에밀리 와이스가 "브랜드는 정말로 중요합니다. 거의 전
부나 마찬가지죠"라고 말한 것처럼 브랜드는 디지털네이티브 세대
의 감성에 맞춰 일관성을 유지하고 있다.

글로시에만의 제품 철학인 "Beauty isn't made in a Boardroom"
이라는 문구가 말해 주듯 회의실에 가만히 앉아 회의를 통해 제품
을 만드는 것이 아니라 실제 소비자들의 의견을 제품 기획 단계에
적극적으로 반영하여 제품을 완성한다. 소셜미디어인 인스타그램
과 커뮤니케이션 도구인 슬랙을 고객들의 제품에 관한 피드백 의견
을 듣는 데 활용하고 있다.

▲ 글로시에 광고 (출처: Glossier)

2 〈요즘 핫한 화장품 브랜드 글로시에(Glossie)가 업계를 뒤흔드는 차별화 요소 4가지〉, happist.com,
   2017. 12. 19.

인스타그램을 고객들의 다양한 의견을 듣는 'FGDFocus Group Discus-
sion' 공간으로 활용해 제품에 관한 아이디어와 제품 컨셉 의견을 수집한다. 2016년 2월에 모이스처라이징에 관한 아이디어를 수집하기 위하여 고객 의견을 물어봤는데 1000명이 댓글로 참여하였다. 이를 기반으로 '프라이밍 모이스처 리치Priming Moisturizer Rich'라는 제품을 출시하게 되었다.

글로시에는 상위 고객 100여 명을 업무 공유 채널인 슬랙에 초대해 그들이 서로 자유롭게 화장품에 관한 이야기를 나눌 수 있도록 하였다. 주당 1000건의 대화를 주고받는데 자연스럽게 화장품 이야기를 나누면서 나온 제품에 관한 아이디어 및 의견을 제품 기획과 생산에 반영하였다. 클렌저 상품을 기획할 때 메신저 채널에서 "당신이 꿈꾸는 완벽한 클렌저는 어떤 것인가"라는 질문을 던져서 "출시된 경쟁 제품 클렌저의 장점만 담아 주었으면 좋겠다", "쓰고 있는 클렌저의 아쉬운 점을 개선하면 좋을 것 같다" 등 같은 의견들을 수렴해 제품 기획에 반영하였다.

제품 기획뿐만 아니라 시제품을 완성한 후에도 다시 고객들에게 '구입 의사'를 묻는 설문조사를 진행한다. 여기서 고객의 80% 이상이 "구입 의사가 있다"라고 답해야만 공식 출시할 수 있다. 이런 복잡한 과정 때문에 5년 동안 출시한 화장품은 35가지에 불과하다.

고객들이 직접 제품 개발 과정에 참여하면서 자신이 이야기한 아이디어를 반영한 제품이 출시되었을 때 열렬한 지지와 함께 소셜미디어 공유를 통해 입소문을 낸다. 이렇듯 적극적인 고객 의견 수용은 브랜드 충성도를 강화하는 역할도 하고 있다.

▲ 글로시에의 인스타그램 고객 의견 조사 (출처: Glossier)

글로시에 홈페이지는 구매를 위한 채널이 아닌, 고객들이 뷰티 관련 정보를 얻고 서로 대화를 나누며 공감하는 하나의 뷰티 커뮤니티 같은 역할을 한다. 그래서 홈페이지 전면에 광고모델이 아니라 일상생활 속 고객들의 자연스러운 글로시에 활용 사진이나 동영상이 게재된다. 제품의 스토리보다 일상생활에서 브랜드를 사용하는 고객들의 스토리에 주목하여 공감할 수 있게 하였다.

상품 소개 페이지도 제품에 대한 소개보다는 고객들의 후기를 중심으로 구성하였다. 사용 후기는 고객들이 자발적으로 참여하도록 유도하여, 고객의 피부타입, 피부색, 연령대 정보를 함께 볼 수 있어 자신의 연령대가 사용해도 좋은지, 피부타입에 맞는지 등 구매자들의 조언을 들으면서 제품 구매를 결정할 수 있게 도와준다.

글로시에는 마케팅 홍보에서도 소셜미디어를 적극 활용하여 고객들이 브랜드에 관해서 이야기하고 참여할 수 있게 하고 있다. 제품 디자인, 패키지 등을 제품 기획 단계부터 인스타그램에 공유하여

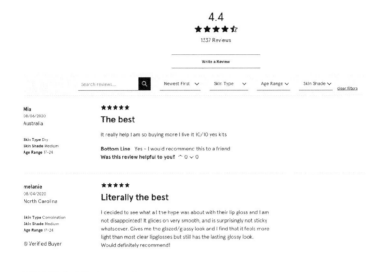

4.4
★★★★⯨
1337 Reviews

Write a Review

Search reviews... 🔍   Newest First ⌄   Skin Type ⌄   Age Range ⌄   Skin Shade ⌄
                                                                        clear filters

Mia
08/06/2020
Australia

Skin Type Dry
Skin Shade Medium
Age Range 17-24

★★★★★
The best

It really help I am so buying more I live it 10/10 yes kits

Bottom Line   Yes - I would recommend this to a friend
Was this review helpful to you? ⌃ 0 ⌄ 0

melanie
08/04/2020
North Carolina

Skin Type Combination
Skin Shade Medium
Age Range 17-24

⊚ Verified Buyer

★★★★★
Literally the best

I decided to see what all the hype was about with their lip gloss and I am
not disappointed! It glides on very smooth, and is surprisingly not sticky
whatsoever. Gives me the glazed/glossy look and I find that it feels more
light than most clear lipglosses but still has the lasting glossy look.
Would definitely recommend!

▲ 글로시에 후기 (출처: Glossier)

자랑하고 싶은 마음이 들도록 '인스타그래머블Instagramable'하게 구성
한다. 제품을 구매하면 글로시에 브랜드를 상징하는 스티커를 함께
보내줘 자신만의 스타일로 꾸며 인스타그램에 올릴 수 있도록 하고
있다.

고객이 인스타그램에 #glossier, #ITGTopShelfie, #cloudpaint,
#boybrow, #nofilterjustglossier, #glossierpink 등의 글로시에
브랜드 및 제품 관련 해시태그를 올리면 이 중에서 가장 인상 깊은
포스팅을 다시 글로시에 인스타그램 계정에 올려 고객들의 참여를
유도하고 있다. 글로시에가 조사한 결과 인터넷 트래픽과 판매의
70%는 소셜미디어의 바이럴을 통해 일어나고 있는 것으로 나타
났다.

▲ 글로시에 스티커 (출처: Glossier)

셀럽, 인플루언서, 충성 고객에게 신제품 출시 전에 미리 제공하여 언박싱, 제품에 관한 정보, 사용 방법, 사용 후기 등의 이미지와 동영상을 제품 해시태그와 함께 게재하도록 요청해 바이럴 마케팅을 유도하고 있다. 2017년에는 인스타그램에 인기 있는 게시물을 올린 사용자들을 대상으로 인스타그램 앰배서더Instagram Ambassador 프로그램을 시작하였다. 프로그램 참여자에게 제휴코드Affiliate Code를 발급하여 글로시에 제품 홍보로 구매가 발생하면 매출의 일부분을 받을 수 있게 하였다. 현재 온라인 트래픽과 매출의 8%가 이 프로그램을 통해 발생한다.

글로시에는 다른 디지털네이티브 브랜드들이 경쟁적으로 오프라인 매장을 늘려가는 것과 다르게 전 세계에 3개의 매장만 운영하고 있다. 매장은 제품을 판매하는 역할보다 색다른 고객 경험을 선사하고 인스타그래머블한 콘텐츠를 만들어 홍보 마케팅을 강화하는 역할을 한다. 기존 글로시에의 홈페이지가 제공해 주는 경험과 인스타그램에서의 고객 활동을 고스란히 오프라인 매장으로 구현한 것이다. 글로시에 오프라인 매장에 방문하는 고객 대부분이 이미 브랜드에 익숙한 고객들이기 때문에 단순하게 제품을 보여주기보다는 고객들이 서로 소통하고 경험을 나누면서 공유할 수 있는 커뮤니티 공간으로서 역할을 담당하고 있다.

글로시에는 클리니크Clinique, 맥Mac, 바비브라운Bobbi Brown 등을 보유한 70여 년의 역사를 지닌 뷰티브랜드 에스티로더Estee Lauder의 강력한 라이벌로 떠올랐다. 무엇보다 디지털네이티브 세대의 열렬한 지지를 받으면서 컬트 브랜드Cult Brand로 성장하고 있기 때문이다.

글로시에는 화장품이라는 제품에 충실하기보다는 화장품을 사용하는 고객들이 일상에서 화장품을 이야기하고 경험을 공유할 수 있는 커뮤니티를 구축하는 데 중점을 둠으로써 성장하고 성공할 수 있었다. 제품 기획, 마케팅, 판매 전 과정에 고객들을 참여시켜 이미

▲ 글로시에 매장(출처: Glossier)

만들어진 브랜드를 구매하는 것이 아닌 브랜드의 주체가 되어 함께 만들어 가고 성장시킨다는 브랜드 철학에 고객들이 공감하고 열광 했기 때문이다.

고객의 알 권리를 위해 투명하게 제조원가를 공개한 '에버레인Everlane'

패션 브랜드 에버레인은 벤처캐피털에 근무 중이던 마이클 프레이스먼Michael Preysman이 패션 업계가 터무니없는 가격으로 폭리를 취하고 있는 것을 발견하고 '투명하게 옷을 만들어 보자'라는 생각으로 2011년에 설립한 회사이다.

그가 조사한 결과 미국에서 생산하는 럭셔리 브랜드 티셔츠의 제조 비용은 약 7달러인데 소비자에게 판매하는 가격은 무려 50달러로 원가의 7배에 달해 패션 업계의 마진율이 천문학적이라고 생각하였다. 프레이스먼은 중간유통 단계를 배제하고 유통 구조를 개선하면 소비자는 동일한 품질의 제품을 기존보다 싼 가격에 살 수 있

▲ 에버레인 (출처: Everlane)

고 기업도 적정한 이윤을 남길 수 있어 충분히 사업성이 있다고 판단했다. 구글 검색으로 럭셔리 브랜드에 제품을 공급하는 이탈리아 등지의 제조 업체들을 찾아 그곳에서 에버레인의 제품을 만들어 원가를 공개하여 판매하기 시작하였다.

지금까지 패션 시장에서는 옷 자체가 아니라 브랜드 가치나 스타일을 판매하다 보니 제조원가보다 높은 가격을 책정하였다. 그래서 제조원가를 공개한다는 것은 제조사에게 부담이 될 수밖에 없다. 그러나 에버레인은 '고객들이 제품이 어떻게 만들어지고 가격은 얼마의 비용이 들어서 어떻게 결정되는지를 알 권리가 있다'라며 제조원가를 과격할 정도로 투명하게 공개하였다.

에버레인이 판매 중인 모든 의류, 가방, 신발, 액세서리 등의 제품 소개 화면에는 '투명가격 Transparent Pricing'이 표기되어 있다. 원단, 부자재, 인건비, 관세, 항공 운송료에 대한 정보와 그 아래 총원가인 '진정한 비용 True Cost'이 적혀 있다. 국내에서 영국 왕자비인 메건 마클 Meghan Markle이 사용해서 유명한 '데이 마켓 토트백 Day Market Tote Bag'은 재료비 45,725원, 부품비 2950원, 인건비 41,300원, 관세 7200원, 배송비 2575원이 소요되어서 제조원가는 99,750원(44%)이며 에버레인에서는 125,250원(56%) 마진을 가져간다고 공개한다. 에버레인 마진 옆에 기존 전통적인 리테일업체는 동일한 제품을 판매해 약 40만 원의 마진을 남긴다는 사실도 함께 보여준다.

투명한 가격 정책은 원자재 가격에도 동일하게 적용된다. 일반적으로 원자재 가격이 하락하더라도 일반 브랜드들은 가격 하락을 반영한 가격 조정이 이루어지지 않지만 에버레인은 가격 정책에 반영

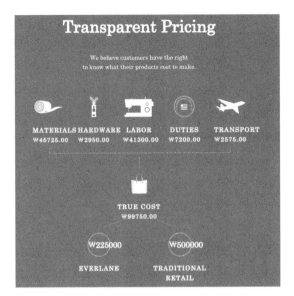

▲ 에버레인 '데이 마켓 토트백' 투명가격 (출처: Everlane)

한다. 예를 들어 2012년부터 125달러에 판매하던 캐시미어 니트의 최근 원단 가격이 16% 하락하자 이를 반영하여 100달러로 가격을 낮췄다.

에버레인은 투명한 가격 정책 및 합리적인 가격의 판매를 위하여 기본 아이템을 중심으로 제품 라인업을 최소화하여 유지한다. 또한 제품주문 대기목록을 기반으로 수요를 예측하여 의도적으로 판매할 수 있는 수량보다 적은 재고를 보유하는 전략으로 비용을 최소화하여 저렴한 가격에 제품을 판매하고 있다.

가격이 싸다고 에버레인 제품의 품질이 떨어지는 것은 결코 아니다. 에버레인은 고품질의 제품을 싸게 파는 것을 원칙으로 간결한 '미니멀 디자인'을 선택하고 고급원단을 사용해 양질의 제품을 만들고 있다. 제품을 기획하는 단계에서는 상품 기획, 디자인 인력을 통합해 운영하는 애자일Agile 형태의 조직을 구성한다. 그렇게 함으로써 빠르게 고객의 니즈 및 트렌드를 분석해 제품 기획 및 디자인에 반영한다. 더불어 한 번 출시한 제품은 고객의 의견을 반영해 반복적으로 수정 작업을 거쳐 개선하여 변화하는 트렌드에 유연하게 대응하고 있다.[3]

에버레인은 제품을 생산하는 제조공장도 투명하게 공개하고 공장 노동자를 위한 사회적 책임을 다하려고 노력한다. 공장들의 위치부터 노동자들이 제품을 만드는 과정, 근무환경, 근속연수, 복지까지 모두 공개한다. 복지도 타 공장들에 비해 평균연봉이 더 높고 직원들을 위한 교육과 의료지원 금융상담까지 해 준다. 데님 제품을 생산할 때는 에버레인이 정한 제조공장의 기준 및 브랜드 철학이 맞는 곳을 찾기 위해 베트남까지 찾아갔다.

에버레인이 찾은 베트남의 사이텍스 인터내셔널Saitex International은 의류제조 분야에서 성공했지만 환경에 해를 끼치지 않게 제조공정을 개선하기 위하여 공장을 운영한 지 3년 만에 철거하고 지구상에서 가장 깨끗하고 지속가능한 데님 제조시설로 만들었다. 데님 제조에 사용되는 물의 98%는 재활용되며, 태양광 발전 같은 재생가능 에너지를 통해 연간 530만 킬로와트 전력을 줄이고 CO_2 배출량도 80% 줄였다. 생산공정에서 나온 화학제품 등은 콘크리트와 혼합하여 벽돌로 만들어 저소득층을 위한 주택 건축 등에 사용된다.

3 〈생산 원가, 하청 공장까지 전 과정 공개해 소비자 설득한 美 패션기업 에버레인〉, 조선일보, 2017. 7. 4.

SOUTHERN VIETNAM
Bien Hoa

EMPLOYEES
3900

ESTABLISHED
2003

Saitex International

Meet Saitex, our game-changing denim factory. Unlike typical manufacturers, their LEED-certified facility recycles 98% of its water, relies on alternative energy sources, and repurposes byproducts to create premium jeans—minus the waste.

▲ 데님 제조공장 사이텍스 인터내셔널 소개 (출처: Everlane)

세일을 하지 않는 에버레인은 2013년까지 블랙프라이데이 세일 기간마다 '소비자들이 합리적 소비가 무엇인지 생각해 보자'는 취지로 영업을 하지 않았다. 그러나 2014년부터는 블랙프라이데이 때 영업을 하는 대신 이를 통해 얻어진 수익 전액을 공장 근로자 복지에 사용하고 있다. 에버레인은 회원들에게 보낸 메일에서 "올해는 합리적 소비를 실천하기 위해 적극적으로 나서기로 했다. 오늘 하루 수익금으로 중국 항저우에 있는 협력공장 직원 320여 명과 가족들에게 실외 농구장과 여가시설을 지어 주려고 한다. 3만 달러를 목표로 하는데 이에 동참할 고객을 기다린다"라고 밝혔다. 이러한 내용이 빠르게 소셜미디어상에서 바이럴되면서 이날 수익은 목표액의 4배에 가까운 11만 3000달러를 기록하였다.

에버레인은 '패션 업계에서 가장 혁신적이며 급진적인 브랜드'로 불린다. 또한 디지털네이티브 세대의 갭Gap이라는 별칭까지 받으며

▲ 블랙프라이데이 펀드 안내 내용 (출처: Everlane)

주목받고 있다. 심플한 제품 디자인 컨셉으로 다른 제품 디자인과 차별화되지 않고 광고나 마케팅 비용을 써서 대대적으로 홍보하지 않았는데도 에버레인이 이렇게 성장한 이유는 기존 패션 업계의 관행을 깨는 파괴적 혁신 때문이다. 기존 패션 업계의 금기를 깨고 파격적으로 제품 가격을 투명하게 공개하여 소비자들의 신뢰를 확보하였다. 제조공장의 제조과정, 근무환경도 투명하게 공개하고 공장 노동자들의 노동환경 개선을 위해 진정성 있게 최선의 노력을 다하는 에버레인의 사회적 책임에 디지털네이티브 세대들이 열광한 것이다.

세상에서 가장 편안한 신발, '올버즈 Allbirds'

신발 브랜드인 올버즈는 뉴질랜드 축구팀 웰링턴 피닉스와 국가대 표의 축구 선수였던 팀 브라운 Tim Brown 이 선수 시절 여러 브랜드 운 동화를 협찬 받으면서 '왜 운동화는 발전이 없을까? 환경오염도 줄 이고 발도 편안한 그런 운동화는 없는가?'와 같은 의문을 가지고 자신이 직접 운동화를 만들면서 생긴 브랜드이다.

팀 브라운은 뉴질랜드에서 가장 흔한 양털 Wool 을 사용하기로 하 고 뉴질랜드 생산자협회에서 연구자금을 받아 크라우드펀딩 플랫 폼 킥스타터 Kickstarter 에 양털로 만든 신발 프로젝트를 올린다. 프로 젝트는 초기에 엄청난 반응을 얻어 4일 만에 당초 계획했던 3만 달 러를 훌쩍 넘은 12만 달러가 모금된다. 팀 브라운은 모금한 자금을 기반으로 친환경 제품을 만들려고 계획했지만 관련 지식이 부족했 다. 마침 부인의 소개로 부인 동창의 남편인 친환경 소재 전문가 조 이 즈윌링거 Joey Zwillinger 를 만나서 2014년에 올버즈를 창업한다.

두 창업자는 '편안함', '단순함', '친환경 소재', 이 3가지 기준에 집중하여 새로운 운동화를 만들기 위해 노력했다. 그래서 일반 합 성섬유가 아닌 천연섬유를 물색하다가 고향 뉴질랜드에서 흔하게 볼 수 있는 양털을 생각해 낸 것이다. 천연섬유인 양모는 가볍고 푹 신하면서도 공기가 잘 통하는 신발을 만들 수 있어 기능적으로 뛰 어날 것이라 생각했다. 또한 양모는 특성상 겨울에는 따뜻하고 여 름에는 통기성이 좋기 때문에 발에 땀이 거의 나지 않아 발 냄새가 잘 나지 않고 발이 축축해지지 않는다. 섬유가공 과정에서도 일반

▲ 올버즈(출처: Allbirds)

합성섬유에 비해 에너지 소비를 60% 가량 절감할 수 있다.

뉴질랜드 양털에서 뽑은 섬유 '메리노 울'과 '나무', '설탕'을 주 재료로 활용하여 본격적으로 양모 소재의 신발 제작을 연구하기 시작했다. 운동화 안감과 겉감을 모두 메리노 울로 감싸 겨울엔 따뜻하고 여름엔 통풍이 잘 되게 만들었다. 신발 밑창은 일반적으로 화학 소재로 만들어지는데 사탕수수에서 추출한 당밀에서 당분을 없애고 에탄올과 혼합해 딱딱하지도 말랑하지도 않은 소재를 만들어 냈다. 운동화 끈도 재활용 플라스틱병을 녹여 섬유로 만들었다. 그래서 올버즈 신발은 가벼우면서도 착용감이 좋고 오래 신어도 편안하다는 장점이 있다.

두 창업자는 연구를 통해서 친환경적이면서 가벼운 소재를 개발했으나 이러한 친환경 소재를 결합하여 하나의 운동화로 만들어야 하는데 이제까지 운동화를 제작해 본 경험이 없어 고민하게 된다. 이탈리아 밀라노 업체에 의뢰했으나 18개월간의 기간을 끌면서 원하는 신발을 제조할 수 없다는 답변만 돌아와 생산에 난항을 겪게

SIMPLICITY IN DESIGN
No flashy logos. No senseless details. Just the world's most comfortable shoes, made naturally and designed practically. It's that simple.

CONFIDENCE IN COMFORT
Trying is believing. Give our shoes a shot for 30 days, and if you're not walking on cloud nine, we'll take them back—no questions asked.

MADE FROM NATURE
The footwear industry often overlooks Mother Nature's materials in favor of cheaper, synthetic alternatives. We think it's time to change that.

▲ 올버즈 울 러너(출처: Allbirds)

된다. 이때 아는 지인으로부터 한국의 노바인터내쇼널Nova International 을 소개 받아 4개월 만에 샘플을 제작하였다. 마침내 2016년, 독점 제조 계약을 통해 3년 동안 연구해서 양털로 만든 운동화인 울 러 너Wool Runner를 출시하게 된다.

가격은 95달러로 고객들에게 저렴한 가격에 제공하기 위하여 디 자인을 단순화하고 별도의 오프라인 매장 없이 인터넷사이트에서 만 판매하였다. "세상에서 가장 편안한 신발The world's most comfortable shoes"이라는 슬로건으로 출시된 제품은 심플한 디자인에 친환경 소 재로 가벼우며 양말을 신지 않아도 편안하다고 입소문이 나면서 선 풍적인 인기를 끌며 판매되기 시작하였다.

올버즈는 직장에서 편하게 착용할 수 있는 신발 트렌드와 맞아떨 어져 업무 특성상 실용적이면서 편안한 패션을 선호하는 실리콘밸 리 기업의 유명 CEO들이 신으면서 유명해지기 시작했다. 구글 공 동창업자 래리 페이지Larry Page, 전 야후 CEO인 마리사 메이어Marissa Mayer뿐만 아니라 레오나르도 디카프리오Leonardo Dicaprio도 신으면서 화제를 불러일으켰다. 벤처캐피털 행사장에 모인 1000명의 기업가와 투자자 대부분이 올버즈 신발을 신을 정도로 실리콘밸리 사람들이 열광하였다.

올버즈는 친환경에 기반한 지속가능성과 기업의 사회적 책임을 다하기 위해서 적극적으로 노력하고 있다. 양모, 사탕수수 같은 친환경 소재뿐만 아니라 제조공정에서 다른 업체에 비해 적은 에너지와 물을 사용하고 있으며 한 번 사용한 물은 여러 번 재활용한다. 포장 또한 재활용지를 사용해 배송으로 인한 환경 부담도 줄였다. 제품 생산에 필요한 원자재를 공급하는 업체들과 장기적인 계약을 맺어 지속가능성 및 사회적 책임을 다할 수 있도록 배려하고 있다.

올버즈는 신발 업계의 지속가능성을 위하여 3년 동안 수십 번의 실패 끝에 개발한, 사탕수수를 가공해 만든 푹신한 밑창의 소재인 '스위트폼SweetFoam'의 제조 방법을 오픈소스Open Source로 공개하였다. 또한 사회적 약자를 위하여 솔즈포소울즈Soles4Souls라는 자선단체를 통해 저소득층에게 무료로 신발을 기부한다. 사회적 책임을 다하는 기업이 되기 위하여 올버즈는 와비파커와 동일하게 사회적 책임 및 지속가능성을 인증하는 B-Lab의 '비콥'을 인증 받았다.

올버즈는 소셜미디어를 적극 활용해 사용자들의 의견을 모으고 이를 제품 개선이나 콘텐츠에 반영하고 있다. 특히 인스타그램을 통해 고객들의 반응을 모니터링하고 신제품 테스트에도 활용하고 있다. 2016년 처음 울 러너를 출시한 이후 매장, 홈페이지, 인스타그램 등에 끊임없이 고객들의 불편사항이 올라오면 이를 분석하여 제품에 반영하며 꾸준하게 개선하였다. 약 2년간 27회에 걸친 개선

작업이 이루어졌다. 또한 올버즈 제품라인업에 파란색 신발이 없었는데 인스타그램에 새로운 색상으로 파란색에 대한 요청이 많은 것을 반영해 빠르게 제품 생산에 적용했다.[4]

고객이 원하는 제품을 제공하기 위하여 린스타트업Lean Start-Up 방법을 활용해 일단 빠르게 제품을 출시한 후 시장 및 고객의 피드백을 받아 지속적으로 제품을 보완해 나가고 있다. 양모 제품이 여름용으로 부적합하다는 소비자들의 의견을 반영해, 유칼립투스 나무 펄프를 섬유로 만들어 울 러너에 비해 더 가볍고 통기성이 뛰어난 트리러너Tree Runner 시리즈를 선보였다. 고객과의 소통을 통해 빠르게 신발 품질을 개선해 나가면서 자연스럽게 고객 만족도와 충성도도 증가하게 되었다.

인터넷트렌드를 매년 발간하는 메리미커Mary Meeker 는 "2017년 인터넷트렌드 보고서"에서 소비자 의견을 빠르게 제품에 반영하여 제품을 변경하고 콘텐츠 전략을 최적화한 브랜드 사례로 올버즈를 소개하였다.

다른 디지털네이티브 브랜드와 동일하게 올버즈도 고객들과 커뮤니케이션하고 체험할 수 있는 오프라인 매장을 오픈하였다. 오프라인 매장은 바Bar 컨셉으로 고객들이 바텐더에게 무엇이든 편하게 물어보고 직접 여러 신발을 신고서 자신의 발 사이즈에 맞는 신발을 구매할 수 있다. 또한 밝은 컬러톤과 친환경 소재 등으로 인테리어를 구성하고 고객들이 편안하게 앉아서 신발을 신어 보고 체험할

---

4   "미국을 홀린 올버즈의 비결 친환경 비즈니스의 정석", 인터비즈, 2019. 7. 23.

Two Comfortable, High Quality Styles

Product Changes Based on Customer Input

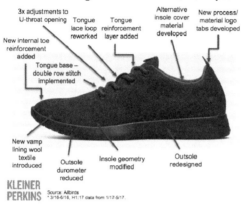

▲ 2017 인터넷트렌드 보고서의 올버즈 혁신 소개 (출처: Mary Meeker)[5]

수 있도록 공간을 구성하였다.

올버즈는 신발계의 애플이라고 불리는 것처럼 친환경 소재로 세상에서 가장 편한 신발이라는 혁신적인 제품을 만들었다. 그러나 제품보다는 고객이 생각하는 브랜드 가치와 지속가능성이라는 사회적 책임을 브랜드에 담아 스토리텔링한 결과 실리콘밸리와 디지털네이티브 세대의 지지를 받으면서 성장하였다. 올버즈는 현재도 편안하고 단순하면서 친환경적인 신발을 만들기 위해 끊임없이 연

---

5   Mary Meeker, "Internet Trends Report 2017", Kleiner Perkins, 2017. 5.

구하고 고객들이 열광하는 차별화된 브랜드 가치를 제공하기 위하여 노력하고 있다.

일상생활 속에 여행이 가져다주는 즐거움, '어웨이 Away'

여행가방 브랜드 어웨이의 공동창업자인 젠 루비오 Jen Rubio 는 취리히 공항에서 여행용 캐리어가 고장나 옷들이 전부 공항 바닥으로 쏟아지는 경험을 했다. 이 경험으로 그녀는 가볍고 튼튼하면서도 가격이 합리적인 캐리어가 있으면 좋겠다는 생각에 창업을 결심했고, 그 결과로 생겨난 브랜드가 어웨이다.

　루비오는 여행가방 시장을 조사하던 중에 970달러나 달하는 리모와 Rimowa, 투미 Tumi 같은 고가 제품과 49달러밖에 하지 않는 저가 상품 사이에 중간 가격대 상품이 많지 않다는 것을 발견하게 된다. 또한 여행용 가방 시장이 매우 파편화되어 있어 브랜드 충성도가 낮은 시장이라는 것을 알게 된다. 루비오는 중간 가격대 시장을 공략하고 차별화된 브랜드 경험을 제공하면 충분히 가능성이 있는 사업이라고 판단하여 와비파커에서 함께 일했던 스테파니 코리 Stephanie Korey 와 2015년에 어웨이를 창업한다.

　와비파커가 안경 시장을 바꾼 것처럼 충분히 여행가방을 바꿀 수 있다고 생각한다. 즉, 기존 시장의 프리미엄 제품과 동일한 수준의 품질이면서 가격 또한 합리적인 서비스를 제공할 수 있을 것이라고 생각했다. 와비파커에서 일했던 경험으로 제품 종류를 줄이고 디자인은 단순화해서 비용을 아끼며 중간유통사를 거치지 않고 인터넷

▲ 어웨이(출처: Away)

으로 직접 판매하여 가성비 있는 가격으로 공급이 가능하다는 전략
이었다.

제품은 주 사용층인 여성들의 의견을 적극 반영해 가볍고 튼튼하
게 만들었다. 특히 바퀴 설계에 공을 들여 여성들이 손쉽게 가방을
끌고 다닐 수 있도록 했다.[6] 기능적인 면에서는 옷가지를 넉넉하게
수납할 수 있도록 하였으며 가방 안에 있는 압박 스트랩이나 패드
를 이용해 더 많은 옷이나 물건을 밀어넣도록 실용성을 강화했다.
이동 중에 스마트폰 등 전자기기를 충전할 수 있는 착탈식 배터리
팩을 가방에 내장했으며 내부 설계는 체크무늬나 꽃무늬의 화사한
안감을 채택했다. 제품에 사용되는 자재도 미국 교통안전청TSA 승
인을 받은 번호자물쇠, 일본 YKK지퍼, 저소음 히노모토Hinomoto 바퀴,
폴리카보네이트 소재 등 고급 브랜드에 쓰는 자재를 사용했다.

첫 번째 제품은 기내 선반에 들어갈 수 있고 4개의 바퀴가 달린 하

6   〈여행가방 어웨이(Away), 창업 3년 만에 초대박 비결은?〉, 파이낸셜뉴스, 2018. 7. 14.

TSA-approved
lock

Two zippers slot into a combination lock, so no one's
getting into your stuff but you (and the TSA).

▲ 어웨이 자재(출처: Away)

드 재질의 제품이었다. 이 제품은 10개의 색상으로 출시되었고 가격은 미국 내 배송료 포함 225달러로 책정되었다. 내구성과 실용성을 강화한 중저가 제품으로 여기에다 기존 회사들이 제공하지 않았던 100일 무료 사용 기회100-Day Free Trial와 평생 AS 보증 서비스Lifetime Warrnaty를 제공하였다. 비슷한 기능을 가진 투미Tumi 제품은 거의 2배가 넘는 525달러에 판매가 되는 상황이었다.

어웨이는 제품을 출시하면서 무엇보다 기존 유명 브랜드와 경쟁하기 위해서는 브랜드 가치가 중요하다는 것을 인식하였다. 그에 따라 단순히 여행가방을 판매하는 회사가 아니라 일상생활 속 여행의 좋은 경험을 전달해 주는 라이프스타일 브랜드로 강화하기 위해 브랜드 마케팅을 전개하였다.

타깃 고객인 젊은 여성층을 대상으로 사람, 경험, 스토리텔링에 중점을 두고 여행에서의 설렘, 로맨스, 즐거움 등 사람들이 여행을 통해서 감성적으로 경험할 수 있는 다양한 스토리텔링 콘텐츠Storytelling Contents를 활용하였다. 스토리텔링 콘텐츠로 고객들의 공감대를 확보하고 소셜미디어를 활용하여 공유될 수 있도록 해 브랜드 인지도를 강화하였다.

2015년 11월에 첫 상품을 출시하기 전 여행 관련 소셜미디어 콘텐츠를 제작하였다. 40명의 사진가, 예술가, 여행작가 들이 어웨이 협찬을 받아 기사를 작성하고 어웨이가 이를 모아 "우리가 돌아다닌 여행지The Places We Return to"라는 제목으로 선물하기 좋은 여행책자를 제작하였다. 2000부에 달하는 책자를 어웨이 신상품과 함께 여행을 좋아하는 인플루언서들에게 배포하였다. 배포된 책자는 인스타그램에 공유되고 인플루언서들에게 바이럴되면서 점차 인지도가 높아져 제품 판매로 이어졌다.[7]

▲ 여행책자, "우리가 돌아다닌 여행지"(출처: Alexis Cheung)

---

7   "여행가방 스타트업 어웨이(AWAY)는 어떻게 업계를 흔들고 있는가?", Happist.com, 2018. 12. 4.

어웨이는 더 나아가 진정으로 여행에 필요한 이야기를 전하고자 여행 전문 잡지인 "HERE"를 발행하였다. '허니문의 성지 하와이로 홀로 떠나는 이별여행', '시대의 작가들이 여행을 떠난다면 반드시 챙길 여행 패킹리스트' 같은 독창적이면서 감각적인 이야기를 아름답고 세련되게 디자인하고 편집하여 제공하였다. 이 잡지는 여행 콘텐츠를 통해 어웨이만의 독특하고 진정성 있는 브랜드 아이덴티티를 여행에 관심있는 타깃 고객들에게 전달하여 꾸준히 공유하고 소통하는 창구의 역할을 하였다.

팟캐스트 '에어플레인모드Airplane Mode'를 통해서는 '우리는 왜 여행을 떠나고, 우리 자신을 발견할 수 있는 장소는 어디일까'를 함께 찾아 나갈 수 있도록 '식도락 여행, 엄마와 떠나는 여행, 여행에서 사랑에 빠지기' 등의 흥미로운 주제로 방송을 진행해 어웨이가 추구하는 여행 철학을 이야기하였다.

어웨이는 디지털네이티브 세대에 집중하기 위하여 활동적이며 여행을 좋아하는 인스타그래머들을 활용하여 적극적으로 인플루언

▲ 여행매거진 "HERE" (출처: Here Magazine)

서 마케팅을 진행하고 있다. 제품을 협찬하는 것 이외에도 별도의 광고 비용을 지불하지 않고 자발적으로 여행 스토리와 함께 자연스럽게 제품을 노출시키는 바이럴 마케팅을 통해 제품을 홍보하고 있다.

혁신이 정체된 여행가방 업계에 어웨이는 커다란 파장을 일으켰다. 여행용 캐리어 본연의 기능에만 집중해 좋은 자재를 사용함으로써 튼튼하면서도 더 가볍고 많은 짐을 넣을 수 있는, 내구성과 실용성이 강화된 여행용 가방을 합리적인 가격에 제공한 것이다. 더불어 여행가방보다 일상의 생활 속에서 여행이 가져다주는 다양한 이야기와 즐거움에 집중하여 고객의 공감을 불러일으켜 브랜드 인지도를 강화하였다.

어웨이는 현재 여행가방에 머물지 않고 브랜드가 지향하는 여행에 필요한 모든 것을 제공하기 위해 제품라인업을 확장하고 있다. 여행용 캐리어와 함께 소품가방이나 속옷 주머니 등의 부가 상품을 추가로 출시함으로써 토탈 여행용품 유통업체로 나아갈 예정이다.

2장
구독 기반의 디지털네이티브 브랜드

AI 기술로 만드는 나만의 맞춤 샴푸, '펑션오브뷰티 Function of Beauty'

2015년 뉴욕에서 설립된 펑션오브뷰티는 자체 개발한 인공지능 알고리즘을 활용하여 고객 머리카락의 유형과 목표에 따라 맞춤형 샴푸와 컨디셔너를 만드는 뷰티테크 Beauty Tech 스타트업이다. 특이한 점은 뷰티기업 직원 대부분이 데이터 과학자와 인공지능 전문가라는

▲ 맞춤 샴푸와 컨디셔너를 제조하는 펑션오브뷰티 (출처: Function of Beauty)

점이다. 이 회사의 창업자는 MIT 출신의 컴퓨터 사이언스 박사로 개인이 원하는 샴푸를 선택할 수 없다는 문제를 해결하기 위해 스타트업을 만들었다고 설명한다. CEO인 자히르 도사(Zahir Dossa)는 어릴 때 부모님을 따라 캐나다에서 미국 텍사스로 이민을 왔으며 2013년 MIT에서 컴퓨터공학 전공으로 박사학위를 받았다.

> 대학에서 뷰티산업에 대해 공부할 기회가 있었는데 조사할수록 이상하다는 생각이 들었다. 내 생각에 뷰티산업은 지난 100년간 가치사슬에서 변화가 거의 없었다. 유통 과정에 많은 미들맨들이 존재하고 있고 이들이 마진을 가져간다. 뷰티산업의 가치사슬 최적화와 이커머스에서 새로운 기회가 있을 것으로 생각했다.
>
> — 펑션오브뷰티 CEO, 자히르 도사

펑션오브뷰티는 인공지능 기술을 통해 고객의 개인 취향에 따라 샴푸와 컨디셔너를 맞춤 형태로 제공하는 것이 차별화된 고객 가치이다. 이론상 120억 개의 서로 다른 재료와 성분을 가진 샴푸가 탄생할 수 있다. 이 회사는 커스터마이징을 극대화하기 위해 고객에게 질문을 통해 받은 헤어 정보를 바탕으로 최적의 재료와 양을 배합하는 알고리즘을 통해 자동 생산방식으로 맞춤화된 제품을 제조한다.

홈페이지에 들어가면 먼저 다양한 헤어 타입(straight, wavy, curly, coily)과 모발 구조(fine, medium, coarse), 두피 상태(dry, normal, oily) 등을 선택할 수 있고, 'deep condition, replenish hair' 등 본인이

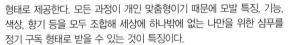

2015년 뉴욕에서 설립된 펑션오브뷰티는 자체 개발한 인공지능 알고리즘을 활용하여 고객 머리카락의 유형과 목표에 따라 맞춤형 샴푸와 컨디셔너를 만드는 뷰티테크Beauty Tech 스타트업이다. 인공지능 기술을 통해 개인 취향에 따라 샴푸와 컨디셔너를 맞춤 형태로 제공한다. 모든 과정이 개인 맞춤형이기 때문에 모발 특징, 기능, 색상, 향기 등을 모두 조합해 세상에 하나밖에 없는 나만을 위한 샴푸를 정기 구독 형태로 받을 수 있는 것이 특징이다.

- **HQ** 미국 뉴욕
- **Indutry** Cosmetic, Beauty
- **Founded** 2015년
- **IPO Status** Private
- **URL** https://www.functionofbeauty.com/
- **Key Process**
  ☑ 홈페이지에서 헤어 타입과 모발 구조, 두피 상태, 본인이 원하는 목표 5가지 선택
  ☑ 자신의 샴푸명을 정하고 원하는 색상과 향기, 향기 강도(강, 중, 약)를 선택하면 본인이 정한 샴푸명이 새겨진 세상에서 하나밖에 없는 샴푸를 1회 또는 정기 구독 형태로 받을 수 있음

커스터마이징을 극대화하기 위해 고객에게 질문을 통해 받은 헤어 정보를 바탕으로 최적의 재료와 양을 배합하는 알고리즘을 통해 자동 생산방식으로 맞춤화된 제품을 제조	알고리즘이 제안하는 재료를 기반으로 다양한 실험과 조합을 한 시제품을 내부 직원과 100명의 체험단을 통해 테스트를 거친 후 시장에 론칭	8온스(230㎖) 샴푸와 컨디셔너 세트는 39.99달러, 16온스(460㎖)짜리 샴푸와 컨디셔너 세트는 49.99달러에 판매. 제품 구입 후 30일 이내에 환불을 받거나 원하는 제품이 나올 때까지 새로운 조합 제품을 제조

▲ 펑션오브뷰티 사업 개요 (출처: Function of Beauty 홈페이지 자료 재구성)

원하는 목표 5가지를 선택할 수 있다. 이후 샴푸명, 원하는 색상, 향기(향기 강도는 강, 중, 약으로 선택 가능)를 선택하면 본인이 정한 샴푸명(예를 들어, 'Function of Unicorn')이 새겨진 세상에서 하나밖에 없는 샴푸를 정기 구독 형태로 받을 수 있다.

제품 가격은 용량에 따라 다른데 39.99~49.99달러 사이이다. 8온스(약 230ml)짜리 샴푸와 컨디셔너 세트는 39.99달러, 16온스(약 460ml)짜리 샴푸와 컨디셔너 세트는 49.99달러에 판매된다. 16온스 샴푸만 따로 39.99달러에 구매할 수도 있다. 회사에 따르면 제품에 대한 불만은 1% 미만으로, 제품 구입 후 30일 이내에 환불을 받거나 원하는 제품이 나올 때까지 새로운 조합의 제품을 만들어 준다고 설명한다.

사람들의 모발은 제각각인데 사용하는 샴푸는 거의 비슷비슷하다. 홈페이지에서 내 모발이 직모인지, 곱슬인지, 건성인지, 지성인지, 굵기는 어떤지 등 질문에 답하면 볼륨감, 탈모 방지 등 17가지 기능 중 원하는 5가지를 고를 수 있고 향기의 종류와 강도, 심지어 샴푸명도 선택할 수 있다. 고객이 주문하면 내가 붙인 샴푸 이름이 인쇄된 제품이 배달된다. 모든 과정이 맞춤형이기 때문에 모발 특징, 기능, 색상, 향기 등을 모두 조합해 세상에 하나밖에 없는 나만을 위한 샴푸를 만들 수 있다.

- 펑션오브뷰티 CEO, 자히르 도사

신제품 개발도 데이터를 기반으로 탄생한다. 펑션오브뷰티 팀은 기존 제품에 대한 고객들의 피드백, 이메일, 소셜 채널 등에서 광범위하게 데이터를 수집하였다. 그 데이터를 통해 고객들이 퍼플 샴푸를 원하다는 사실을 인지하고 데이터 과학자, 엔지니어, 화학자가 팀을 이뤄서 알고리즘이 제안하는 재료를 기반으로 다양한 실험과 조합을 통해 시제품을 만들었다. 그 후 내부 직원과 100명의 체험단을 통해 테스트를 거친 후 시장에 성공적으로 론칭하였다.

펑션오브뷰티는 고객의 데이터를 수집하고 분석해 주는 딥러닝 기술 덕분에 현재까지 똑같은 샴푸를 생산한 적이 없다고 밝혔다. 펑션오브뷰티는 전 세계 60개 국가에서 100만 건의 주문을 받았으며 홈페이지에서 퀴즈를 푼 사람도 500만 명이 넘는다고 한다. 2017년 시리즈A 단계에서 1200만 달러를 투자 받았으며 현재 기업가치는 1억 1000만 달러를 넘는 것으로 알려져 있다.

국내에도 제조의 서비스화에 대한 관심이 높다. 제조의 서비스화는 쉽게 말하면 기존의 제품 중심의 비즈니스 모델에서 제조와 서비스가 결합된 비즈니스 모델로 전환하는 것이다. 개별 제품의 생

비즈니스 모델

수익 모델	가치 제안	주요 파트너
제품 구매 또는 정기 구독	자체 개발한 인공지능 기술을 통해 고객의 개인 취향에 따른 최적의 재료를 조합하여 샴푸와 컨디셔너를 맞춤 형태로 제공	유통 업체

▲ 펑션오브뷰티 구독 서비스 프로세스

산이 기업의 경쟁력을 좌우하던 시기는 지났다. 이제 기업은 제품과 서비스의 융합을 통해 차별화된 비즈니스 모델을 만들고 새로운 수익 창출 모델을 제시해야 살아남을 수 있다. 펑션오브뷰티는 단순히 기능성 샴푸와 컨디셔너를 생산하는 제조 기업이 아닌 인공지능과 빅데이터, 소셜 채널을 통해 고객에게 맞춤화된 제품과 서비스를 제공하는 뷰티테크 기업이라는 점에서 제조 서비스화를 꿈꾸는 국내 기업에게 중요한 시사점을 제시한다.

미국인의 복약습관을 바꾸고 있는 온라인 약국, '필팩PillPack'

아침에 일어나서 약을 먹으려고 하는데 공교롭게도 약이 하나도 없을 경우 상당히 난감한 상황이 발생한다. 특히 며칠만 약을 먹지 않아도 상태가 심각해질 수 있는 만성질환 환자라면 더 심각한 상황이 발생할 수도 있다. 이럴 때는 신문이나 잡지를 구독하는 것처럼 '내가 복용할 약도 정기적으로 구독할 수 있다면 얼마나 좋을까' 하는 생각을 하게 된다. 미국의 헬스케어 스타트업인 필팩은 고객이 병원이나 약국에 가지 않아도 복용해야 할 약을 날짜와 시간에 따라 분류한 다음, 파란색 종이박스에 담아 정기적으로 배송해 주는 온라인 약 배달 서비스로 인기를 모으고 있다.

필팩의 창업자인 T.J 파커T.J. Parker는 어릴 적부터 부모님이 운영하는 약국에서 환자들이 주기적으로 여러 개의 약병을 받아 가면서 매번 언제 약을 먹어야 하는지, 부작용은 무엇인지 등의 질문을 하는 장면을 보고 '약은 왜 다른 물건처럼 배송되지 않는 걸까' 하는

☐ PillPack

필팩은 고객이 병원이나 약국에 가지 않아도 복용해야 할 약을 날짜와 시간에 따라 분류한 다음, 파란색 종이박스에 담아 정기적으로 배송해 주는 온라인 약 배달 서비스로, 창업 2년 만에 100만 명에 달하는 회원을 모집하였다. 온라인에만 국한하지 않고 2016년 말부터 샌프란시스코와 뉴욕의 역세권에 오프라인 약국을 설치해 온·오프라인을 아우르는 유통망을 구축하였다.

- **HQ** 미국 뉴잉글랜드
- **Indutry** Healthcare
- **Founded** 2013년
- **CEO** T.J. Parker
- **IPO Status** Private(2018년도 아마존이 인수)
- **URL** www.pillpack.com
- **Key Process**
  - ☑ 고객이 홈페이지에서 회원가입을 하고 평소 이용하던 약국 정보를 입력하면 필팩 담당자가 해당 약국에 연락을 취해 이용 고객의 처방전과 처방 약을 양도
  - ☑ 병원에서 처방전을 다시 받아야 한다면 필팩에서 해당 병원에 연락해서 처방전까지도 대신 수령
  - ☑ 사용자는 필팩을 통해 병원으로부터 처방받은 약은 물론, 비타민 등 처방전이 필요 없는 건강보조 약품도 정기적으로 배송 가능

인공지능, 딥러닝 기술을 활용하여 고객이 약이 필요한 시점을 계산하여 주기에 맞게 자동화된 배송 시스템을 구축하여 미국 내 47개 주에 무료 배송을 실시

첨단 IT 기술을 적용하여 주문부터 배달까지의 모든 프로세스를 자동화하는 데 성공. 본사에 설치된 두 대의 로봇 (drug dealing Robot)이 자동으로 약을 분류하고 처방전을 확인. 배송될 약과 고객 정보 매칭 등의 업무를 처리

홈페이지 대시보드를 통해 고객이 알아야 할 정보를 제공. 대시보드를 통해 고객은 오늘 먹어야 할 약의 종류와 정보, 약이 언제 배달됐는지, 언제 약이 배달될 예정인지, 비용은 얼마가 청구되는지 등을 자세히 확인할 수 있음.

▲ 필팩 사업 개요 (출처: PillPack 홈페이지 자료 재구성)

궁금증을 가지게 된다. 이후 매사추세츠 약대를 졸업한 그는 한 모임에서 만난 MIT 경영대학원 학생인 엘리어트 코헨과 의기투합을 하게 되고 기존의 약국 시스템을 바꿔 보기로 마음먹었다. 그들은 2012년 매사추세츠주에서 열린 해커톤Hackathon에 참여하여 환자들이 약 복용을 건너뛰거나 잊어버리는 문제를 해결할 수 있는 아이디어를 발표하여 해커톤 대회에서 1위를 차지하면서 테크스타 보스턴 엑셀러레이터 프로그램에 선정되었다. 이후 2년간의 준비 끝에 2014년 온라인 약 배달 서비스사인 필팩을 창업하였다.

조사에 따르면 미국의 헬스케어 산업은 매년 꾸준히 성장하는 추세로, 2016년 기준 미국의 건강 관련 지출액은 전년 대비 4.3% 증가한 3조 3,000억 달러로 1인당 평균 1만 348달러를 지불한 것으로 알려져 있다. 필팩은 정기적으로 약을 복용해야 하는 사람들에게 꼭 필요한 서비스를 제공하여 창업 2년 만에 100만 명에 달하는 회원을 모집하였다. 또 2016년 말부터 샌프란시스코와 뉴욕의 역세권에 오프라인 약국을 설치해 온·오프라인을 아우르는 유통망을 구축하였다.

필팩의 이용 방법은 간단하다. 고객이 홈페이지에서 회원가입을 하고 평소 이용하던 약국 정보를 입력하면 필팩 담당자가 해당 약국에 연락을 취해 이용 고객의 처방전과 처방약을 양도받게 된다. 만약 병원에서 처방전을 다시 받아야 한다면 필팩에서 해당 병원에 연락해서 처방전도 대신 받아 준다. 사용자는 필팩을 통해 병원으로부터 처방받은 약은 물론, 비타민 등 건강보조제도 정기적으로 배송받을 수 있다. 창업자인 T.J 파커는 "기존의 약국 시스템이 환

"기존의 약국 시스템은 환자 입장에서 보면 불편한 점이 너무 많다. 온라인 정기 약 배달 서비스를 통해 고객 개개인을 위해 디자인된 온라인 약국 네트워크를 구축하였다."

- 필팩 CEO, T.J Parker

▲ 필팩 CEO T.J 파커가 밝힌 창업 배경(출처: PillPack 홈페이지 자료 재구성)

자 입장에서 보면 불편한 점이 너무 많다. 온라인 정기 약 배달 서비스를 통해 고객 개개인을 위해 디자인된 온라인 약국 네트워크를 구축하였다"라고 창립 배경을 말한다.

필팩의 비즈니스 모델을 살펴보면 주요 고객은 당뇨, 고지혈증, 고혈압 등의 질환으로 인해 정기적인 약 복용이 필요한 환자다. 가치 제안은 고객이 병원이나 약국에 가지 않아도 복용해야 할 약을 날짜와 시간에 따라 분류한 다음 정기적으로 배송하는 점이다.

그렇다면 필팩은 짧은 기간 동안 어떻게 이러한 고속 성장을 거둘 수 있었을까? 첫 번째 성공 요인은 첨단 IT 기술을 적용해 주문부터 배달까지 모든 프로세스를 자동화한 것이다. 본사에 설치된 두 대의 로봇Drug Dealing Robot이 자동으로 약 분류, 처방전 확인, 배송될 약과 고객 정보 매칭 등의 업무를 처리하고 있다. 또한 인공지능, 딥러닝 기술을 활용하여 고객이 약이 필요한 시점을 계산한다. 그 주기에 맞게 자동화된 배송 시스템을 구축하여 미국 내 47개 주에 무료 배송을 실시하고 있다.

이러한 자동화 프로세스에는 창업자가 유년 시절 지역 주민들에게 직접 약을 배달한 경험과 약사로 근무했던 경험이 농축되어 있다. 이용자는 필팩의 온라인 대시보드를 이용해 약의 배송 상태를 추적할 수 있으며 청구서 및 자신이 복용하고 있는 약의 리스트를 파악할 수 있다.

두 번째 성공 요인은 사용자 기반 맞춤형 서비스이다. 해당 약을 장기간 복용해야 할 경우 주치의와 상의하여 2주에 한 번 약을 리필해 주고 홈페이지 대시보드를 통해 고객이 알아야 할 정보를 제공하고 있다. 대시보드를 통해 고객은 오늘 먹어야 할 약의 종류와 정보는 무엇인지, 약이 언제 배달됐는지, 언제 약이 배달될 예정인지, 비용은 얼마가 청구되는지 등을 자세히 확인할 수 있다.

필팩의 비즈니스 모델 프로세스를 살펴보면, 고객은 회원가입할 때 거래하는 약국, 처방전 등의 정보를 입력한다. 그러면 필팩에서 해당 약국에 연락을 해서 처방전과 약을 확보하고 고객에게 필요한 약품을 정기 배송한다. 고객은 대부분의 비용을 건강보험에서 충당하고 실제 사용료로 월 20달러만 지불하면 된다. 필팩은 고객이 가입한 건강보험기관과 연락하여 나머지 필요한 조치를 취한다.

지난 2018년 6월 말, 아마존은 필팩을 7억 5300만 달러에 인수한다고 발표하여 세상을 깜짝 놀라게 했다. 그렇다면 아마존은 왜 필팩을 인수했을까? 첫 번째 이유는 필팩이 미국 내 50개 주에서 약국 면허를 소지하고 있기 때문이다. 미국 역시 의료법이나 약사법이 엄격하기 때문에 아마존은 이미 약국 면허를 소지한 필팩을

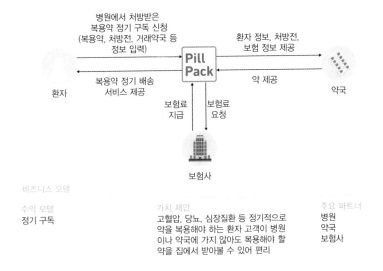

병원에서 처방받은
복용약 정기 구독 신청
(복용약, 처방전, 거래약국 등
정보 입력)

환자 정보, 처방전,
보험 정보 제공

Pill
Pack

복용약 정기 배송
서비스 제공

약 제공

환자

약국

보험료
지급

보험료
요청

보험사

비즈니스 모델

수익 모델
정기 구독

가치 제안
고혈압, 당뇨, 심장질환 등 정기적으로
약을 복용해야 하는 환자 고객이 병원
이나 약국에 가지 않아도 복용해야 할
약을 집에서 받아볼 수 있어 편리

주요 파트너
병원
약국
보험사

▲ 필팩 구독 서비스 모델 프로세스

인수함으로써 관련 시장에 진출하는 시간을 절약할 수 있다.

필팩 인수를 통해 아마존이 본격적으로 헬스케어 사업을 전개할 것으로 예상되고 있다. 특히 'PHR Personal Health Record'이라고 부르는 '개인 의료 데이터' 확보를 통해 아마존의 장기인 고객별 맞춤 서비스가 가능해질 것으로 보인다. 아마존은 헬스케어 시장 진출을 위해 2018년 유명 심장전문의 마울리크 마즈무달 Maulik Majmudar을 최고 의료 책임자 Chief Medical Officer로 임명하는 등 기존 헬스케어 시장을 파괴하기 위한 준비를 차근차근하고 있다.

두 번째 이유는 아마존 프라임과 같은 기존 서비스와의 시너지 때문이다. 아마존은 이미 1억 명에 달하는 프라임 고객을 보유하고 있어 여기에 비슷한 정기 구독 방식의 필팩 서비스를 추가하면 더 적은 비용으로 많은 매출을 올릴 수 있고 기존 고객들에게 필팩을 교차 판매할 수 있다. 아마존 프라임은 연 119달러를 내면 무료 배송과 음악·영화·책 등의 콘텐츠를 즐길 수 있는 유료 정기 구독 서비스이다.

아마존은 필팩을 인수한 뒤 'PillPack by Amazon Pharmacy'로 브랜드명을 변경하였다. 필팩은 미국 내 하루에 약을 5개 이상씩 복용해야 하는 3000만 명이 넘는 사람들의 복약 습관을 바꾸고 있다. 필팩 홈페이지에 가면 회원들이 올린 다양한 후기를 볼 수 있는데, 그중 한 회원은 "필팩은 가장 위대한 발명품이다. 2주 치 복용할 의약품이 집으로 배송되므로 운전해서 일부러 약국에 갈 필요가 없다. 필팩을 이용하면서부터 생활이 너무 편리해졌다"라고 말했다.

가족의 치아 건강을 책임지는 '큅Quip'

치아는 한 번 손상되면 치료비가 비싸기 때문에 평상시에 건강하게 관리하는 습관이 필요하다. 하지만 말은 쉬운데 실천하기란 어렵다. 평소 치아 건강을 자신하다가 문제가 생기고 난 후에 후회하면서 치과를 찾는 경우가 대부분이다.

미국의 헬스케어 스타트업 큅은 고객들에게 전동 칫솔과 치실, 교체용 칫솔모 등을 정기 구독 형태로 제공하고 있다. 큅은 스마트폰 앱으로 자신의 양치질, 치실 사용 데이터를 공유하기로 동의한 고객들에게 전동 칫솔과 헤드브러시를 구독 형태로 제공하고 치아 관리를 잘 하는 고객에게는 치과 보험료나 진료비를 할인해 주는 인센티브를 제공하고 있다.

또한 오래 사용하면 닳게 되는 칫솔모는 3개월에 한 번씩 집으로 배달되며 치과 전문의와 상담할 수 있도록 연계 서비스도 제공하는 등 단순히 구독 서비스에서 벗어나 고객의 건강한 치아 관리 서비스 기업으로 업의 개념을 확장하고 있다.

큅의 CEO인 사이먼 에네버Simon Enever 는 "큅은 사람들의 치아 건강 유지를 위해 매우 중요한 예방 과정을 보다 합리적인 가격으로 간단하고 즐겁게 만들어 주는 '엔드 투 엔드 솔루션'을 제공하는 것이 목표다"라고 말했다. 큅 스타터 세트의 금액은 30달러로 분기별로 5달러가 추가 결제되며, 이용자는 브러시헤드, 배터리, 치약 등을 함께 제공받는다.

큅은 2019년 8월 말, 치과병원과 연계하는 '큅케어플러스QuipCare

"큅은 사람들의 치아 건강 유지를 위해 매우 중요한 예방 과정을 보다 합리적인 가격으로 간단하고 즐겁게 만들어 주는 '엔드 투 엔드 솔루션(end to end soulution)'을 제공하는 것이 목표다.

- 큅 CEO, 사이먼 에너버

▲ 큅 CEO, 사이먼 에네버 (출처: Quip 홈페이지 자료 재구성)

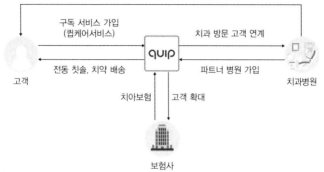

비즈니스 모델

수익 모델	가치 제안	주요 파트너
정기 구독 모델 (스타트키트 $30+분기별 $5)	전동 칫솔에서 나오는 음파진동을 통해 청결하게 치아를 관리할 수 있고 구독 모델 가입 시 3개월에 한 번 헤드 교체. 나아가 환자와 치과의사를 연결하고 치아건강보험과 연계돼 종합적인 구강 관리 서비스 제고.	치과병원 보험사

▲ 퀵 구독 서비스 모델 프로세스

_{Plus}' 서비스를 출시하는 등 종합적인 구강 관리 서비스를 제공하는 플랫폼 비즈니스를 지향하고 있다. 퀵케어플러스 서비스는 2020년 현재 뉴욕시에서만 제공되며 조만간 미국 전역으로 확대될 예정이다. 퀵케어플러스 이용자는 월 25달러를 결제하면 2가지 예방 검진과 연간 1회 치아 엑스레이 검사를 할 수 있다.

퀍은 고객들에게 전동 칫솔과 치실, 교체용 칫솔모 등을 정기적으로 발송하고, 스마트폰 앱으로 자신의 양치질, 치실 사용 데이터를 공유하기로 동의한 고객들을 대상으로 치아 관리를 잘하는 고객에게는 치과 보험료나 진료비를 할인해주는 인센티브를 제공한다. 비용 등의 문제로 치과보험을 들지 못한 개인사업자나 중소기업, 스타트업 고객들에 비즈니스 역량을 집중할 계획이다.

stay fresh ... $25

- **HQ** 미국 뉴욕
- **Indutry** Beauty, Dental, Health Care
- **Founded** 2014년
- **CEO** Bill May, Simon Enever
- **IPO Status** Private
- **URL** www.getquip.com
- **Key Process**
  - ☑ 성인의 경우 30달러를 지불하면 전동 칫솔과 치약 등을 집으로 배달받게 되며 3개월에 한 번씩 브러시헤드 등을 리필해 줌(분기 1회당 5달러 추가 결제)
  - ☑ 치과의사와의 상담이 필요한 경우 퀍에서 근처 치과병원과 연계하여 서비스를 제공하며 치아건강보험과의 연계 서비스도 제공
  - ☑ 2019년 8월에 오픈한 퀍케어플러스 서비스 이용자는 월 25달러를 결제하면 2가지 예방 검진과 연간 1회 치아 엑스레이 검사 가능

구강 건강을 보다 간단하고 쉬우며 즐겁게 할 수 있도록 전동 칫솔과 헤드브러시를 구독 형태로 제공하고 치아 건강 관련 전문 서비스를 제공	칫솔모는 3개월에 한 번씩 집으로 배달되며 치과전문의와 상담할 수 있도록 연계 서비스도 제공하는 등 단순히 구독 서비스에서 벗어나 고객의 건강한 치아 관리 서비스 기업으로 업의 개념을 확장	진동 칫솔 구독 상품은 어른은 30달러, 어린이는 25달러로 3개월에 한 번씩 결제가 진행되며 브러시헤드, 배터리, 치약 등을 함께 배송해 줌. 특히 어린이를 위한 건강 관리 서비스가 인기

▲ 퀍 사업 개요 (출처: Quip 홈페이지 자료 재구성)

스타일리스트와 AI가 골라 주는 옷, '스티치픽스 Stitch Fix'

인터넷과 모바일 앱을 통한 온라인 쇼핑 시장이 갈수록 커지고 있다. 통계청 발표에 따르면 2020년 2월 온라인 쇼핑 거래액은 전년 동월 대비 24.5% 증가한 11조 9618억 원을 기록했는데, 이 중 모바일 쇼핑 거래액은 8조 1436억 원으로 전체 온라인 쇼핑 거래액의 68.1%를 차지했다. 그런데 유독 의류 분야는 옷을 직접 입어 보고 구매해야 한다는 선입견 때문에 온라인 쇼핑을 꺼리는 사람들이 많아 상품군별 온라인 쇼핑 거래액 순위에서 평균 이하에 머물고 있다.

그 이유는 온라인으로 주문한 옷을 막상 입어보니 옷이 크거나 또는 작거나 아니면 컬러나 재질이 마음에 들지 않는 경우가 있는데 물건을 반품하는 과정도 귀찮기 때문이다. 실제로 온라인 의류

▲ 스티치픽스(출처: Stitch Fix)

사이트를 방문해 보면 너무나 많은 제품이 끝도 없이 나오기 때문에 선택장애가 발생하게 된다. 네이버 쇼핑에서 '티셔츠'를 검색해 보면 3480만 건이 넘는 검색 결과가 나오는데 2~3페이지만 넘겨도 머리가 깨질 듯 아프다. 이럴 때는 누가 나 대신 옷을 골라 주면 좋겠다는 생각을 하게 된다.

2011년 오픈한 스티치픽스는 이처럼 너무 많은 검색 결과에 경기를 일으키는 일반 소비자들의 마음을 꿰뚫어 보고 인공지능과 패션 전문가의 경험을 결합한 큐레이션 서비스로 고객들의 마음을 사로잡았다. 카트리나 레이크Katrina Lake가 하버드대 재학 중에 설립한 스티치픽스는 고객의 키, 몸무게와 같은 기본적인 신체 정보와 컬러, 핏 등 추가 정보를 바탕으로 인공지능과 3900명의 스타일리스트가 함께 힘을 합쳐 고객이 좋아할 만한 의류 5벌을 선정하여 집으로 배송하는 큐레이션 서비스를 제공한다.

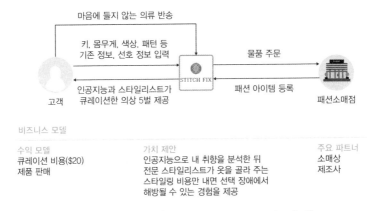

▲ 스티치픽스의 비즈니스 모델 프로세스 (출처: Stitch Fix 홈페이지 자료 재구성)

창업자인 카트리나 레이크는 10년 후 사람들이 의류를 구매하는 방식이 지금처럼 매장 여러 군데를 돌아다니며 진열대에서 옷을 입어 보는 방식은 아닐 것이라고 생각했다. 또한 컴퓨터에서 브라우저창을 여러 개 띄어 놓고 일일이 치수를 확인하고 다른 사람들이 올린 후기를 읽어 본 다음 여러 벌을 온라인 몰에서 구매하고 맞지 않는 옷은 반품하는 현재의 온라인 구매 방식도 미래 소비자들의 선택을 받지 못할 것이라고 생각했다.

그녀는 데이터 기반 알고리즘과 스타일리스트를 결합한 새로운 개인 스타일링 추천 서비스가 바쁜 시간에 쫓기는 미래의 소비자들에게 선택을 받을 것으로 생각하고 150여 가지 세부적인 고객 데이터를 기반으로 한 정교한 추천 알고리즘과 사람인 스타일리스트가 협업하는 방식의 서비스를 고안하였다. 스티치픽스의 모든 프로세스는 소비자 경험을 최대치로 끌어올리는 데 맞춰져 있으며 정교한 고객 데이터베이스를 기반으로 여성복에서 출발해 신발, 액세서리 등 개인화된 스타일링 서비스까지 확대하고 있다. 현재 미국 내에서만 1000개의 파트너 브랜드를 보유하고 있고 연간 320만 명이 이용하는 서비스로 발전한 스티치픽스는 2017년 나스닥에 상장하면서 기업 가치 21억 9400만 달러(2020년 5월 18일 기준)에 이르는 거대 브랜드로 성장하였다.

스티치픽스 홈페이지를 방문한 사용자는 평소 쇼핑을 즐기는 편인지, 쇼핑에 얼마 만큼의 시간을 사용하는지 등 간단한 퀴즈를 통해 개인의 신상과 취향 조사를 위한 스타일 프로파일링 과정을 거친다. 스티치픽스의 데이터 분석가들이 이용자의 반복 구매 행태,

스티치픽스는 창업 5년 만에 기업가치 5조 원으로 성장한 유니콘으로 150여 개에 달하는 세부 데이터를 기반으로 한 정교한 추천 알고리즘으로 패션계의 넷플릭스로 불리고 있다. 미국의 비즈니스 매거진 FastCompany가 선정한 2019년 가장 가장 혁신적인 리테일 기업 1위로 선정된 바 있다.

- **HQ** 미국 샌프란시스코
- **Indutry** E—Commerce, Fashion, Retail
- **Founded** 2011년
- **CEO** Katrina Lake
- **IPO Status** Nasdaq(SFIX)
- **URL** www.stitchfix.com
- **Key Process**
  ☑ 회원가입을 하고 성별, 나이, 사이즈, 패턴 등을 묻는 퀴즈(15분 소요)를 풀고 SNS를 연동
  ☑ 사용자가 자신의 스타일과 치수, 피부색, 신체 콤플렉스, 즐겨 입는 색/브랜드, 예산 등을 설정하고, 큐레이션 비용 20달러를 선결제하면 고객 데이터를 기반으로 인공지능과 전문 스타일리스트가 고른 5벌의 의류를 배송
  ☑ 고객은 이 중 원하는 옷만 갖고 다른 옷은 택배로 다시 반송

스티치픽스의 모든 프로세스는 소비자 경험을 최대치로 끌어올리는 데 맞춰져 있으며 정교한 고객 데이터베이스를 기반으로 여성복에서 출발해 신발, 액세서리 등 개인화된 스타일링 서비스까지 확대

사용자는 집으로 배송받은 5벌 중 1벌만 구매해도 큐레이션 비용을 내지 않으며 만약 5벌 모두 마음에 들지 않을 경우, 큐레이션 비용 20달러를 내는 방식이며 만약 5벌이 모두 마음에 들 경우 25%를 할인받게 됨

소비자 정보, 구매/반품 기록, SNS 계정, 거주 지역의 기후 등 150여 가지 정보를 기반으로 바쁜 고객이 자신의 시간을 할애하며 힘들게 찾을 필요 없이 편리한 패션 구독 서비스를 제공

▲ 스티치픽스의 사업 개요 (출처: 스티치픽스 홈페이지 자료 재구성)

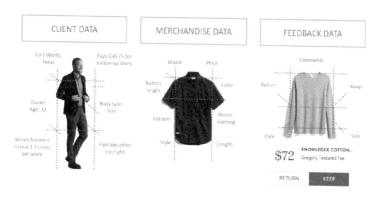

WE HAVE RICH, MEANINGFUL AND
HIGHLY ACTIONABLE DATA

| CLIENT DATA | MERCHANDISE DATA | FEEDBACK DATA |

▲ 스티치픽스 데이터 활용 (출처: Stitch Fix)

선택 및 반송 내역, 의류 수정 및 보정 요구사항 등과 같은 특별 추가 서비스 내역, 구매 이력 데이터를 알고리즘에 추가적으로 입력하면 고객에게 적합한 최적의 결과가 도출된다. 사용자의 방문 횟수가 많을수록 구매가격 할인율과 데이터 분석 및 코디 적중도는 한층 높아진다.

하지만 상품 선정에 있어 전적으로 데이터 알고리즘에만 의존하지는 않는다. 3900명에 달하는 스타일리스트는 알고리즘의 선택을 무시하거나 변경할 수 있는 옵션을 가지고 있으며 최종 박싱 작업도 직접 담당한다. 왜냐하면 '대학교 동창 친구 결혼식에 입고 갈 야외용 드레스를 추천해 주세요', '현재 임신중인데 부모님 은혼식에 어린 자녀와 함께 입고 갈 옷을 추천해 주세요'와 같은 고객의 특별한 요청사항을 헤아리는 작업은 여전히 감정이 없는 데이터보다 인간의 감성에 의존해야 하는 영역이기 때문이다. 스티치픽스는 이와 같은 감정적인 요소도 옷을 구매하는 중요한 요소라는 점을 인정하고 스타일리스트가 고객에게 특별한 삶의 순간을 빛나게 해주는 의류를 추천할 수 있게 했다.

스티치픽스는 2~3주, 매월, 2개월, 3개월 단위로 자동 배송을 선택할 수 있으며 고객은 집으로 배송받은 5벌 중 1벌만 구매해도 큐레이션 비용을 내지 않으며 다른 옷은 택배로 다시 반송하면 된다. 만약 5벌 모두 마음에 들지 않을 경우 큐레이션 비용 20달러를 내면 된다. 소비자 정보, 구매/반품 기록, SNS 계정, 거주 지역의 기후 등 150여 가지 정보를 기반으로 바쁜 고객이 자신의 시간을 할애하며 힘들게 찾을 필요 없이 편리한 패션 구독 서비스를 제공하고 있다. 또한 라이프스타일, 신체 유형 및 가장 많이 사용하는 항목과 같은 요소를 고려하여 고객이 가입할 때 '스타일 셔플' 기능을 사용하면

How Stitch Fix works

01	02	03
Tell us your price range, size & style. You'll pay just a $20 styling fee, which gets credited toward pieces you keep.	Get a Fix when you want. Try on pieces at home before you buy. Keep your favorites, send back the rest.	Free shipping, returns & exchanges—a prepaid return envelope is included. There are no hidden fees, ever.
사용자는 자신이 원하는 사이즈, 스타일, 가격 범위에 대한 정보를 제공하고 스타일 비용 20달러를 지불	인공지능과 패션 전문가가 선정한 옷 5벌을 집으로 배송. 구매하기 전에 입에 보고 마음에 들지 않은 옷은 반품	옷은 무료배송, 반품, 교환이 가능

▲ 스티치픽스 주요 서비스 (출처: Stitch Fix 홈페이지 자료 재구성)

▲ 스티치픽스의 스타일 셔플 기능 (출처: Stitch Fix)

많은 양의 데이터를 수집할 수 있다. 스타일 셔플 기능은 좋아하는 의류 제품을 선택할 수 있는 일종의 '의류 틴더' 역할을 수행하는데 사용자가 좋아하는 제품은 오른쪽으로 넘기고 좋아하지 않는 제품은 왼쪽으로 넘기는 방식으로 개인의 패션 스타일을 전달할 수 있다.

스티치픽스가 온라인 쇼핑 경험을 재창조할 수 있는 이유는 새로운 발견 요소 때문이다. 이는 마치 소비자들이 넷플릭스에서 자신이 알지 못한 숨어 있던 명작을 발견하고 기뻐하는 감정과 똑같이 놀라움을 선사한다. 고객은 자신이 받을 제품을 알지 못하기 때문에 이전에는 잘 몰랐던 새로운 브랜드나 스타일을 발견할 수 있는 가능성과 함께 놀라움과 즐거움을 제공받는다. 스티치픽스는 제품 구성, 스타일링 코디 등 축적된 방대한 분량의 고객 데이터를 기반으로 스티치픽스에 입점한 의류 브랜드 업체에게 신상품 개발을 위한 맞춤 정보를 제공하고 있다.

참고문헌

Part 01. 디지털네이티브 세대, 그들은 누구인가?

삼정KPMG 경제연구원, 〈新소비 세대와 의·식·주 라이프 트렌드 변화〉, 삼
　　정 Insight 제66호, 2019. 5. 10.
〈소비 주류 떠오른 밀레니얼 세대, 웰빙·친환경 제품으로 잡아라〉, 매일경제,
　　2018. 7. 20.
"How gen z's concern with emotional health fuels retail growth and
　　failure", A.T. Kearney, 2019. 9.

Part 02. 디지털네이티브 브랜드는 어떻게 탄생하였는가?

김형택, 《O2O를 넘어 온디맨드》, e비즈북스, 2016.
〈2019 광군제 역대 매출 갱신, 총 거래액 26% 증가〉, 주간 코스메틱 제니파
　　크, 2019. 11. 18.
〈소유와 공유 가고, '구독이'가 온다〉, 유진투자증권, 2019. 6. 4.
디지털트랜스포메이션 트렌드 웹사이트(www.digitaltransformation.co.kr).
Andy Dunn, "The Book of DNVB-The Rise Of Digitally Native Vertical
　　Brands", Medium, 2016. 5. 10.
Kevan Lee, "How DNVBs Win", Medium, 2018. 12. 20.
Longanecker, C., "Why You Should Use a Subscription Business

Model", Entrepreneur, 2015.

"2020 Direct to Consumer Purchase Intent Index", Diffusion, 2019. 12.

"DTC and Parcel-Shaping The e-commerce Logistics Landscape", A.T. Kearney, 2018. 3.

"They Changed the Way You Buy Your Basics", NewYork Times, 2020. 1. 23.

"Top 10 Trends in Digital Commerce", Gartner, 2019.10.

Part 03. 디지털네이티브 브랜드를 어떻게 만들 것인가?

〈D2C 사업모델, 해외 수출의 새로운 활로가 될 것인가〉, 매일경제, 2020. 2. 20.

〈디지털시대 새로운 미디어, 인플루언서〉, 제일기획, 2019. 5.

〈미디어커머스 블랭크가 유통, 생산, 물류를 다루는 방법〉, 바이라인네트워크, 2018. 12. 30.

〈사뿐, 페이스북 협력광고로 인도네시아 온라인 매출 확대〉, Facebook Business.

〈온라인 시대 유통 새 문법 '미디어커머스' 기획에서 판매까지…… 품질 위주로 시장 재편 중〉, 매일경제, 2020. 3. 24.

〈인스타그램 댓글 분석해 옷 만드는 회사〉, 티타임즈, 2018. 11. 8.

〈젬마월드, 더욱 넓은 해외로 뻗어 나갈 젬마월드 캠페인 전략 수립〉, Facebook Business.

〈팬들이 유니콘으로 키워준 여성구두 스타트업〉, 티타임즈, 2020. 1. 21.

Cristina Dinozo, "State of D2C Marketing 2019", Yotpo, 2019. 9.

Teddy Citrin, "The Direct-to-Consumer Landscape", Meduim, 2017. 6. 15.

Part 04. 구독경제는 왜 디지털네이티브 브랜드의 중심이 되었는가?

〈소유와 공유 가고, '구독이'가 온다〉, 유진투자증권, 2019. 6. 4.

Amy Konary, "Subscription Business Maturity Model", Subscribed Institute, 2019.

Andris A. Zoltners, PK Sinha, and Sally E. Lorimer, "What Subscription Business Models Mean for Sales Teams", Harvard Business Review, 2018. 6.

A. Osterwalder and Y. Pigneur, Business Model Generation: A *Handbook for Visionaries, Game Changers, and Challengers*, John Wiley and Sons Inc., 2010.

Clayton M. Christensen, Taddy Hall, Karen Dillon, and David S. Duncan, "Know Your Customers' "Jobs to Be Done"", Harvard Business Review, 2016. 9.

Himanshu Varshney, "Subscription Economy-A new way to sell", 2018. 11.

Jari Vesanen, "What is personalization? A conceptual framework", *European Journal of Marketing*, 2007.

Joan Magretta, "Why Business Models Matter", Harvard Business Review, 2002. 5.

Kano, N., Seraku, N., Takahashi, F., and Tsuji, S., "Attractive Quality and Must-Be Quality", *Journal of the Japanese Society for Quality Control*, 1984.

Marieke Blom, Ferdinand Nijboer, "Now that we subscribe to music, are tools and toiletries next?", ING Economics Department, 2018.

Michał Jędraszak, "Subscription Business Handbook: An Executive's

Guide to the Subscription Market", Straal, 2019.

Morten Suhr Hansen, "How to build a Subscription Business", Bookboon, 2014.

Robbie Kellman Baxter, "Subscription Business Models Are Great for Some Businesses and Terrible for Others", Harvard Business Review, 2016. 7.

Severin Friedrich Bischof, Tim M. Boettger, and Thomas Rudolph, "Curated Subscription Commerce A Theoretical Conceptualization", *Journal of Retailing and Consumer Services*, 2019. 5.

Tan, K.C., and Pawitra, T.A., "Integrating SERVQUAL and Kano's Model into QFD for Service Excellence Development," *Managing Service Quality*, 11(6), 2001, pp. 418-430.

Thomas Niemand, Sebastian Tischer, Tina Fritzsche, and Sascha Kraus, "The Freemium Effect: Why Consumers Perceive More Value with Free than with Premium Offers", Thirty Sixth International Conference on Information Systems, Fort Worth, 2015.

Tony Chen, Ken Fenyo, Sylvia Yang, and Jessica Zhang, "Thinking in-side the subscription box: New research on e-commerce con-sumers", Mckinsey&Company, 2018.

T.P. Van Letht, "Typologies of Subscription-based Business Models", Rotterdam School of Management, Erasmus University, 2016.

V. Kumar, Yashoda Bhagwat, and Xi (Alan) Zhan, "Regaining "Lost" Customers: The Predictive Power of First-Lifetime Behavior, the Reason for Defection, and the Nature of the Win-Back Offer",

Journal of Marketing, 79(4), 2015.07.

Zott, C., Amit, R., and Donlevy, J., 2000, "Strategies for Value Creation in E-Commerce: Best Practice in Europe", *European Management Journal*, 18(5), pp.463-475.

Part 05. 디지털네이티브 브랜드는 어떻게 성공하였는가?

〈미국을 홀린 올버즈의 비결 친환경 비즈니스의 정석〉, 인터비즈, 2019.07. 23.

〈생산 원가, 하청 공장까지 전 과정 공개해 소비자 설득한 美 패션기업 에버레인〉, 조선일보, 2017. 7. 4.

〈여행가방 스타트업 어웨이(AWAY)는 어떻게 업계를 흔들고 있는가〉, Happist.com, 2018. 12. 4.

〈여행가방 어웨이(Away), 창업 3년 만에 초대박 비결은〉, 파이낸셜뉴스, 2018. 7. 14.

〈와비파커: 성공의 공식, 공식의 성공〉, 네이버레터(2016. 3. 4).

〈요즘 핫한 화장품 브랜드 글로시에(Glossie)가 업계를 뒤흔드는 차별화 요소 4가지〉, happist.com, 2017. 12. 19.

Mary Meeker, "Internet Trends Report 2017", Kleiner Perkins, 2017. 5.

D2C시대, 디지털네이티브 브랜드 어떻게 할 것인가?

리테일 기업의 D2C 및 구독 비즈니스 전략

초판 1쇄 발행 | 2020년 9월 28일

지 은 이 | 김형택, 이승준
펴 낸 이 | 이은성
펴 낸 곳 | e비즈북스
편   집 | 최지은
디 자 인 | 백지선

주   소 | 서울시 동작구 상도동 206 가동 1층
전   화 | (02) 883-9774
팩   스 | (02) 883-3496
이 메 일 | ebizbooks@hanmail.net
등록번호 | 제 379-2006-000010호

ISBN 979-11-5783-201-9 03320

e비즈북스는 푸른커뮤니케이션의 출판브랜드입니다.

이 도서의 국립중앙도서관 출판시도서목록(CIP)은 서지정보유통지원시스템 홈페이지(http://seoji.nl.go.kr)와
국가자료공동목록시스템(http://www.nl.go.kr/kolisnet)에서 이용하실 수 있습니다.(CIP제어번호: CIP2020037344)

Icon made by Freepik from www.flaticon.com(42쪽, 55쪽, 110쪽, 119쪽)